古代史地 軼聞懶人包

風流帝王 × 歷代體制 × 地域文化 × 四大發明
這些你在課本上畫過的重點，其實比你想得還要有看點！

韓品玉　主編
林榮，邵林喜，時雙雙 編著

抗金名將岳飛生前最後一句話，是「天日昭昭」的疾呼！
世界上古老的電腦竟是中國發明，存在 1,800 年前？
杯酒釋兵權的場面是和樂融融還是暗潮洶湧？

歷代君王成績單、地域文化、史書沒說小窘事、中國器具發明史
—————**歷史課跟地理課合併，原來更好聽！**

目錄

目錄

第七章　華夏發明

目錄 ——————————————————

第一章　時代變遷

▎原始社會

北京人頭部復原像

　　原始社會是人類歷史上第一種社會形態，離今天很遠很遠。歷史學家將原始社會分為兩個時期：原始人群時期和氏族公社時期。

　　北京人是原始人群時期的典型代表，他們生活在距今 70 萬年至 20 萬年以前。

　　原始人群，顧名思義就是一群人生活在一起，往往有幾十個人，他們共同工作，共同分享工作成果。那時候的人們使用的工具很原始，就是用樹枝砍成的木棒，或將石塊敲打製成粗糙的石器。由於工具太簡陋粗糙，人們做不成衣服，所以就不穿衣服，男女之間也不知道害羞。那時候的人們會使用天然火，還能管理火種！現在會使用火沒什麼可驚訝的，但那時候很了不起！你猜猜，他們是怎樣得到火種的？有了火，人們的生產、生活會有怎樣的改善？

　　山頂洞人是氏族公社時期的典型代表，他們生活在距今約 3 萬年前。

山頂洞人頭部復原像

氏族公社是以血緣關係為紐帶，由共同的祖先繁衍的幾十個人居住在一起的群體，分為母系氏族公社和父系氏族公社兩個階段。

母系氏族公社的氏族成員都是由一位女性繁衍而來，氏族成員有一個共同的母親，但有著不同的父親。這位女性在氏族中的地位最高，是大家長，大事都由她說了算。

父系氏族公社的氏族成員都是由一位男性繁衍而來。與母系氏族公社正好相反，氏族成員有一個共同的父親，但有著不同的母親。這位男性就成了氏族中地位最高的人。那是什麼因素決定了女性或男性在氏族中的地位呢？

到了氏族公社的時候，人們會把粗糙的石器進行加工，特別是掌握了磨光和鑽孔技術。

山頂洞人磨製的骨針和裝飾品

有了磨光和鑽孔技術，人們就能製成簡單的樹葉衣服和獸皮衣服。這不僅遮擋了羞部，而且保暖。人們知羞了，也愛美了！另外，這一時期人們最大的進步是學會人工取火。

此外，在氏族公社時期，人們不再像原始人群那樣，住在山洞裡頭，而是住在自己建造的房屋中，過著定居的生活！他們居住的房屋主要有兩類，即半地穴式房屋和干欄式房屋。

半地穴式房屋，冬暖夏涼；干欄式房屋，隔潮防淹。這兩種房子分別是北方和南方居室的代表，是根據南北方不同的氣候建造的。

半地穴式房屋（左圖）；干欄式房屋（右圖）

你可能會問，原始社會離我們那麼久遠，我們是怎麼知道他們的上述情況的？這要歸功於考古學家。考古學家是根據古人類遺址分析出來的。告訴你吧，中國是世界上發現古人類遺址最多的國家，東西南北，分布很廣，著名的人類遺址除了上述的北京人遺址、山頂洞人遺址，還有雲南的元謀人遺址、浙江餘姚的河姆渡人遺址、陝西西安的半坡遺址、山東泰安的大汶口遺址、貴州開陽打耳窩崖廈古人類文化遺址等。如果有機會，你不妨到這些地方去看看。

▎奴隸社會

中國是世界四大文明古國之一（其他三個是古埃及、古巴比倫、古印度），有著悠久的歷史，中國文明最早要追溯到 5,000 年前的奴隸社會。一般認為，中國的奴隸社會時期從西元前 2070 年夏朝建立開始，至前 476 年春秋時期結束。

人類是怎樣由原始社會進入奴隸社會的呢？原始社會後期，隨著生產力（主要指生產工具）的發展，產品剩餘，私有制也就出現了。有私有財產的人就成了剝削階級，沒有私有財產的人就成了被剝削階級。在人類社會中，若大多數物質生產方的勞動者是奴隸，這樣的社會就叫做奴隸社會。

中國的奴隸社會包括夏、商、西周三個朝代和春秋一個時期。

夏朝

夏朝是奴隸社會的形成時期。其建立者是大禹。

大禹具有部落聯盟首領和奴隸制國家國王的雙重身分，曾經以善於治水而聞名於原始社會末期。夏朝的第二代國王是禹的兒子啟。啟作為夏朝的第二代國王，其繼位具有劃時代的意義，因為他所繼承的是其父親的王位。從此，「公天下」就變成了「家天下」，禪讓制被世襲制取代。夏朝最後一個國王叫桀，是歷史上有名的暴君，其暴政統治使夏朝歷

經 400 多年就滅亡，因此他又是個亡國之君。

在文化方面，夏朝時人們就會觀測天象了。更可貴的是，他們還觀測到了一次日食。但那時候，科學不發達，不能對這種自然現象做出合理的解釋，所以，當時的人們害怕極了。夏朝還有了曆法，我們今天用的陰曆（也叫農曆），就是夏曆。

大禹像

商朝

夏朝之後是商朝，因遷都至殷地，又名殷朝。這是奴隸社會的發展時期。在商朝的歷史中，有三個國君發揮了重要的作用。

- **開國之君 —— 商湯**：湯是個識才之君，任用仲虺（ㄏㄨㄟ ˇ）和伊尹二人為左右相，二人被委以滅夏的重任。仲虺和伊尹全力協助湯，俘獲了桀，滅了夏，又協助湯建立商王朝。

- **中興之君 —— 盤庚**：商湯建立商朝的時候，都城在亳（音ㄅㄛ ˋ，今河南商丘）。在這以後的年，商朝五次

遷都。頻繁遷都，主要是因為王族內部經常爭奪王位，發生內亂；再就是黃河下游常常鬧水災。有一次發大水，把都城淹了，商朝因此不得不遷都。國君盤庚決心再一次遷都到殷。盤庚積極整頓政治，使衰落的商朝出現了復興的大好局面，之後 200 多年，商朝一直沒有遷都。所以商朝又稱作殷商，或者殷朝。

■ **亡國之君 ── 商紂**：商紂是歷史上有名的大暴君，與夏桀齊名，合稱「桀紂」。商紂興建酒池肉林（水池裡裝滿酒，在裡面划船遊玩；在樹林裡的每棵樹上掛上肉，用於射擊）；發明炮烙之刑（把人綁在燒紅的銅柱上燙死，或者把銅柱放在熊熊燃燒的炭火上，強迫受刑的人在上面行走，受刑的人站立不住，必然掉入大火中，最後燒死）；還挖比干的心。周武王時期，商周在牧野大戰，商朝戰敗，商紂被迫在鹿臺自焚而死，商朝滅亡。

商朝是一個物質文明較為發達的歷史時期。尤其是商朝的青銅器，在歷史上最為燦爛，如后母戊方鼎和四羊方尊。

后母戊方鼎　　　　　　　　四羊方尊

　　商朝的制瓷業在當時世界上也最發達，使中國成為世界
上最早發明瓷器的國家；商朝時就有了文字 —— 甲骨文。甲
骨文是中國有文字可考歷史的開始。

　　你看下面的甲骨文是不是很有意思？

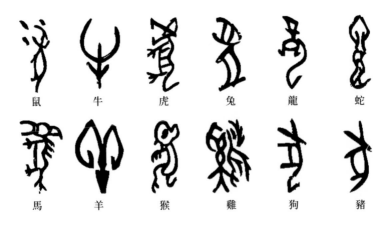

鼠　　　牛　　　虎　　　兔　　　龍　　　蛇

馬　　　羊　　　猴　　　雞　　　狗　　　豬

甲骨文

西周

西周是中國奴隸社會的第三個
王朝，西周統治時期，中國的奴隸
社會達到鼎盛，國土空前遼闊。

周公旦像

與西周的興亡有重要關係的國
君有：為西周的建立打下了堅實基
礎的周文王；牧野之戰滅商建周的
周武王；暴虐無道導致國人暴動被
人們從宮中趕走的周厲王；烽火戲
諸侯致使國家滅亡的周幽王。

在周公旦輔佐時期，周消滅各方叛亂勢力；而後遷都至東
方，加大了對東方諸部的統治力度；大力分封周室親戚及有功
大臣為諸侯。透過一系列的政治措施，經過 3、4 代的發展，
西周政治、經濟、文化空前繁榮，達到了周朝的鼎盛時期。

國人暴動趕走周厲王後，諸侯推舉共伯和攝政。後來，
周厲王在逃亡中死去，共伯和無意於權位，而是立太子靜繼
位，即周宣王。宣王獨具慧眼，以周公、召公二相為左右
臂，這就是歷史上有名的「周召共和」（這一年被稱為「共
和元年」，這是中國有準確紀年的開始）。不久西周就出現
了「宣王中興」的局面。可是，好景不長，宣王薨，幽王上
臺，拿國家大事當兒戲，為讓褒姒一笑，竟然「烽火戲諸

侯」，不久西周滅亡。

西周創立了對中國歷史發展有重
大影響的政治制度，如分封制和宗
法制。

西周的文化也很發達。當時的人
們會把文字鑄刻在青銅器上，這種文
字就是「金文」，又叫「銘文」。

西周對天象的觀測比夏、商兩朝

青銅器上的金文

更精準。比如，國歷史上西周第一次記錄了日食的日期是西元
前 776 年 9 月 6 日。另外，西周還記錄過「天再旦」（就是天
亮了兩次，即發生在早晨的日全食）的現象，時間是前 899 年。

春秋

東周分為春秋和戰國兩個時期，是中國歷史發展的特殊
時期。春秋（西元前 770 － 前 476 年），是東周的前期，因
孔子修訂《春秋》而得名。

春秋時期有「五霸」，即齊桓公、晉文公、宋襄公、秦
穆公、楚莊王。

「春秋五霸」是先後出現的，他們主要是爭「家長權」，
做天下第一，其他諸侯國可以生存，只要恭維、認可其老大
地位就好。

▌封建社會

中國封建社會從西元前 475 年戰國開始至 1840 年鴉片戰爭結束，經歷了以下時期和主要朝代。

戰國

戰國（西元前 475 － 前 221），是東周的後期，因諸侯國連年相互征戰而得名。

戰國時期有「七雄」，即齊、楚、燕、韓、趙、魏、秦。

「戰國七雄」是同時並存的七個國家，任何一個諸侯國都想稱雄天下，統一全國。但由於大家實力相當，只能同時並存。

春秋時期是中國奴隸社會的末期，而戰國時期則是中國封建社會的開端。但春秋戰國作為一個特殊的歷史時期，有這樣幾個共同特點。

春秋戰國時期是一個諸侯割據、戰爭頻發的時期。大國與小國打、小國與小國打、大國與大國打，恰似大魚吃小魚、小魚吃小蝦，打得天昏地暗。打仗成為家常便飯。如晉楚之間的城濮之戰、魏趙之間的桂陵之戰、魏齊之間的馬陵之戰、秦趙之間的長平之戰，都發生在這個特殊的歷史時期，也是這個時期著名的戰例。

春秋戰國時期，思想活躍，百家爭鳴。從思想發展史看，春秋戰國是中國學術文化思想最活躍、最開放的時期。孔子和老子就是這個時期的典型代表。與此同時，隨著社會的急遽變化，諸多問題接踵而至，各學派紛紛著書立說，提出各自主張並發起辯論。這樣，在思想領域裡就出現了一個後世十分少見的「百家爭鳴」的局面。諸子百家主要有儒家、道家、墨家、法家、兵家等，孔子與孟子、莊子、墨子、韓非子、孫子等分別是各家傑出的代表。各家的文化思想奠定了整個封建時代思想文化的基礎，在中國古代文化史上占有極其重要的地位。

春秋戰國時期是大變革的時期。這時期，鐵器開始使用，特別是鐵農具廣泛應用於生產，青銅器時代向鐵器時代邁進；各國為了適應時代潮流，紛紛變法改革，從奴隸社會向封建社會過渡；由於戰爭的需求，車戰時代向步騎兵時代變革；諸侯國之間根據自己的實力和理想，從春秋時期的「一極化」向戰國時期的「多極化」發展。

亂世出英雄。春秋戰國時期，諸侯國都竭盡全力富國強兵，重用人才，所以人才濟濟。如善於改革的商鞅、李悝、吳起，善於舌辯的蘇秦和張儀，名相晏嬰、管仲、藺相如，軍事人才孫臏、廉頗、白起。他們各展才華，使春秋戰國的歷史五彩斑斕。

秦朝

如果用一句話來概括秦朝，那就是短命但強大。

說它短命，是說秦朝從西元前 221 年統一全國到前 206 年滅亡為止，自秦始皇嬴政到秦二世胡亥，再到秦三世子嬰，帝位世襲三代，僅存 15 年。說它強大，是因為秦朝幅員遼闊，西到隴西，東到東海，北抵長城一帶，南達南海，是當時世界上的大國。說它強大，還因為秦朝頒布的許多措施對中國歷史影響深遠，而這主要歸功於秦始皇。

秦始皇 13 歲做秦王，22 歲除掉呂不韋，39 歲時結束了春秋戰國 500 年以來分裂割據的局面，中國歷史上第一個統一的多民族的封建國家自此建立。大詩人李白有詩讚美秦始皇：「秦王掃六合，虎視何雄哉！揮劍決浮雲，諸侯盡西來。」秦始皇從 39 歲統一全國到 49 歲去世的 10 年間，幹了許多大事。

為了加強封建統治，秦始皇還建立了專制主義中央集權制度。

他統一貨幣，規定全國統一使用圓形方孔銅錢，促進了各民族各地區的經濟交流。他還統一文字，將簡化字體小篆作為通用標準字體，在全國範圍內使用，促進了全國的文化交流。

為了加強思想控制，秦始皇接受李斯的建議，規定除記載秦國的歷史的書籍外，焚燒一切史書；民間所藏書籍，除

醫藥、卜筮、種樹方面的書籍以外，《詩》、《書》及百家等皆被焚燬；再談論《詩》、《書》者，砍頭論處；以古非今的人則遭滿門抄斬。秦始皇的所作所為遭到了一些方士、儒生的背地議論，秦始皇就下令追查、搜捕並活埋對朝廷有怨言的儒生。這兩件事，歷史上叫做「焚書坑儒」。

北伐匈奴，修長城；南平百越，修靈渠。為了滿足自己的窮奢極欲並安排身後歸宿，他徵用數百萬民工，大規模修築宮殿和陵墓，如修建阿房宮、驪山陵。他制定的刑罰特別殘酷。一人犯罪，殺全家，這叫族誅；一家犯罪，殺全村，這叫連坐。在他的嚴刑苛法統治下，全國怨聲載道。

西元前 210 年，秦始皇在巡遊途中突然病死。太子扶蘇被丞相趙高與李斯合謀殺害，其弟胡亥繼位，即秦二世。秦二世昏庸無能，放任趙高指鹿為馬，排除異己，其暴政統治比秦始皇有過之而無不及。

西元前 209 年，終於爆發了陳勝、吳廣領導的農民起義。趙高先是構陷謀害了李斯，後又殺了秦二世，迎立子嬰為皇帝。前 207 年，鉅鹿一戰，項羽大破秦軍，秦軍主力受重創。前 206 年，劉邦入關，至咸陽城外壩上，子嬰出城投降，秦亡。

秦朝雖然是歷史上最短命的王朝，但秦始皇的所作所為對後世產生了極其深遠的影響。

秦時所建專制主義中央集權制度，被後世的歷代王朝加以繼承並不斷完善；其所建皇帝制度，影響中國 2,000 多年；丞相制度，一直使用到明朝；郡縣制度，影響至今；修建的萬里長城，至今仍是世界建築史上的奇蹟；焚書坑儒，造成的負面影響很惡劣；統一貨幣、度量衡，影響至今；統一的文字，奠定了中國以後文字發展的基礎。

西漢

西漢（西元前 202 － 8 年）共 210 年的歷史，是中國封建社會歷史上統一強盛的帝國。漢高祖、漢文帝、漢景帝、漢武帝是西漢歷史發展的關鍵人物。

秦朝滅亡後，項羽、劉邦為爭奪帝位，進行了 4 年的戰爭，歷史上稱為「楚漢戰爭」（楚漢之爭、楚漢爭霸）。西元前 202 年，劉邦擊敗項羽後稱帝，國號漢，定都長安。劉邦就是漢高祖。他在位 7 年間，為了加強對全國的統治，實行了分封制，把同姓子弟和異姓功臣分封到各地做諸侯。後來為了保住劉家的基業，他又陸續削弱異姓王侯勢力，先後剝奪韓信、英布、彭越等大將的兵權與封號，加大中央集權統治力度。

西元前 183 年，劉恆即位，即漢文帝，他與漢景帝（漢文帝之子，前 156 － 前 143 在位）劉啟繼續沿用漢高祖所定

「與民休息」的方針政策，減輕人民賦稅壓力，漢朝的經濟得以迅速發展：國家的糧倉囤滿，新穀子壓著舊穀子，銅錢多得無法計算，人民安居樂業，綜合國力大幅提升，史家將這一階段稱為「文景之治」。經過「文景之治」，漢朝的綜合國力逐漸強大。

西元前 141 年，漢景帝卒，其子劉徹稱帝，即漢武帝。劉徹是中國歷史上有名的皇帝之一，他在位期間，西漢開始進入鼎盛時期。在主父偃的建議下，他頒布法令允許各諸侯王分割封地給各自子弟，建立較小的侯國。從此諸侯國的領地越來越小，勢力越來越弱。漢武帝還找各種藉口，一次就削去了當時半數的侯國。這樣諸侯國再也沒有勢力對抗中央，從根本上解決了困擾國家已久的諸侯國問題，從政治上加強了中央集權。為了改變思想混亂狀態，漢武帝接受董仲舒的建議，「罷黜百家，獨尊儒術」，排斥其他學說，將儒家學說作為封建正統思想。為了宣傳鞏固儒家學說，漢武帝又在長安設立太學，專門學習儒家的「五經」，並從思想上加強了中央集權。另外，在軍事、經濟、民族關係、對外關係等方面漢武帝都採取了相應的措施，使國家全面實現了大一統，出現了中國封建社會歷史上的第一個盛世局面。

漢武帝以後，國力開始衰微。至劉嬰即位，朝廷大權已完全流入外戚王莽之手。8 年，王莽篡位，改國號為「新」。

至此，西漢王朝的統治時代宣告終結。

總體來說，在前期幾代皇帝的政治經濟改革發展之下，西漢迎來了國力繁榮強盛、人民安居樂業的太平盛世景象。在這個發展時期內，中國一直以世界強國的姿態屹立於世界之林。

東漢

西元 25 年，王莽的新王朝被劉秀推翻，劉秀得以建立新政權 —— 東漢王朝（西元 25 － 220 年）。他身為西漢皇族，所以仍定國號為「漢」，建都洛陽，史家稱此漢朝為「東漢」。

東漢的前期，其發展有西漢的風采。為安定社會，朝廷屢屢頒布法令，懲罰貪官汙吏，減輕人民賦役負擔，社會各方面都有所好轉。經過光武帝、明帝、章帝 3 代的大力治理，東漢王朝已漸具西漢曾經的強盛之態，這一時期被後人稱之為「光武中興」。

東漢中期以後，外戚（指帝王的母族、妻族）和宦官（被閹割後失去性能力而專供皇帝、君主及其家族役使的官員）交替專權，是東漢政治的一個重要特點，其政治非常黑暗。

光武帝劉秀

　　舉個例子。梁冀是外戚，他是一個十分驕橫的傢伙，胡作非為，公開勒索，完全不把皇帝放在眼裡。他把持朝政 30 年，立過 3 個皇帝。

　　梁冀外戚集團滅亡後，宦官又專權擅政。他們也像外戚一樣排除異己，陷害忠良，殘害百姓。宦官徐璜的侄子看上了李家的女兒，遭到拒絕後，竟然率官吏闖入李家，搶走此女子，像遊戲一樣把李家女子殺害。

　　此時，從地方到中央的各級官職被宦官們的親屬及其黨羽所占據，讀書人的仕進之路因此堵塞，朝政日趨黑暗。當時人們稱「寒素清白濁如泥，高第良將怯如雞」。

　　東漢末年，經過農民起義的打擊後，東漢王朝的統治土崩瓦解、名存實亡，各地軍閥紛紛擁兵自重，割據一方。袁紹、公孫瓚、曹操、董卓、孫策、孫權、劉表、劉璋、劉備、馬騰、韓遂、張魯等 18 路諸侯為了爭奪地盤，互相征討，馳騁中原，其形勢堪與春秋戰國時期比肩。一方面，戰爭頻仍，如曹操與袁紹之間的官渡之戰、曹操與孫劉之間的赤壁之戰；另一方面，佳話連出，三顧茅廬、許攸獻策、火燒赤壁、草船借箭等膾炙人口的故事都發生在這一時期。後來曹操死，其子曹丕篡漢自立，廢了漢獻帝，建立了魏國，歷史進入了三國並立的時期。

三國

三國時期是中國歷史上比較著名的一段時期，從孫權建吳（西元 222 年）開始，到西晉滅吳（280 年）為止，共經歷了 58 年的時間。這時期魏國、蜀國和吳國三國鼎立，故而稱為「三國時期」。中國四大古典名著之一的《三國演義》，就是以這一段歷史為背景寫成的。

三國的歷史可分為三國的開始、三國的發展、三國的結束三個階段。

三國的開始與東漢末年的歷史是分不開的。那時候，全國各地出現了很多割據一方的軍閥，他們彼此廝殺，長期混戰，人口集中的黃河中下游甚至出現了百里無人煙的慘景。曹操《蒿里行》說：「關東有義士，興兵討群凶。初期會盟津，乃心在咸陽。軍合力不齊，躊躇而雁行。勢利使人爭，嗣還自相戕。淮南弟稱號，刻璽於北方。鎧甲生蟣蝨，萬姓以死亡。白骨露於野，千里無雞鳴。生民百遺一，念之斷人腸。」這首詩亦詩亦史，描寫了戰爭帶給人民的深重災難。官渡之戰和赤壁之戰是東漢末年著名的以少勝多的戰例，分別奠定了曹操統一北方和三國鼎立的基礎。特別是經過赤壁之戰的較量，曹操退守黃河流域；孫權在長江中下游的勢力基本鞏固；劉備在西南地區占有一定的地盤。三方都打得精疲力竭，無力征討對方，開始考慮建國問題。西元 220 年，

曹丕廢掉漢獻帝，自稱皇帝，定國號為魏，定都洛陽。221 年，劉備在成都稱帝，國號漢，亦稱蜀。222 年，孫權在建業（今南京）稱王，建國號吳。這樣，三國鼎立的局面正式形成。

魏、蜀、吳三國相繼建立後，考慮到長期戰爭給各國經濟帶來的破壞，三國統治者都開始致力於促進生產，建設自己的國家。魏國注重水利工程的修建，北方的農業生產得以恢復發展。蜀國的手工業相對發達，尤其是絲織業特別繁榮。吳國則以造船業著稱，海上交通自古有名。這一狀態保持時間短暫，三國鼎立的局面便開始改變。

魏國曹丕死後，其子曹睿繼位，任命司馬懿為輔政大臣。其後，魏國的大權漸漸落入司馬懿之手。司馬懿死後，其長子司馬師廢除了成年卻未能親政的曹芳，另立十三歲的曹髦（ㄇㄠˊ）為帝，司馬師的權勢超過了其父。不久以後，司馬師病死。在病重時，他便把理政事務交給了其弟司馬昭。司馬昭總攬大權後，野心遠超其兄長，總想取代曹髦。為達到這一目的，他不斷剷除異己，打擊政敵。曹髦自知是命不久矣的傀儡皇帝，就打算放手一搏，準備用突然襲擊的辦法殺掉司馬昭。然而，大臣中早有人把這個消息報告了司馬昭。司馬昭立即派兵阻截，把曹髦殺掉了。

西元 263 年，司馬昭派出多路軍隊討伐蜀國，占領蜀都成都。蜀後主劉禪被擄至魏國，蜀國滅亡。

　　西元 266 年，司馬昭之子司馬炎廢魏帝，改國號為晉，定都洛陽，這就是歷史上的西晉王朝。

　　魏滅蜀之後，蜀吳聯盟不攻自破，吳國完全處於西晉的包圍之中。吳國的皇帝孫皓，花天酒地，不問國事。西元 280 年，晉軍攻打吳國，勢如破竹，攻克建業，孫皓面縛請降。到此為止，三國的歷史結束。

　　這一時期的劉備、關羽、張飛、姜維、曹操、孫權、周瑜、黃忠、馬超、呂布等都是著名的風雲人物，家喻戶曉。

　　產生於這一時期的如魚得水、三顧茅廬、桃園結義、初出茅廬、虎踞龍盤、集思廣益、鞠躬盡瘁、望梅止渴、才占八斗、七步之才、超群絕倫、一身是膽、吳下阿蒙、大器晚成、樂不思蜀、三氣周瑜、單刀赴會、單騎救主、七擒孟獲等歷史典故層出不窮，被人們津津樂道。

　　發生於這一時期的官渡之戰、赤壁之戰、夷陵之戰、諸葛亮北伐、姜維北伐、魏滅蜀之戰、晉滅吳之戰等著名戰役為人激賞，永載史冊。

兩晉

　　司馬炎於西元 266 年取代曹魏政權建立新的政權，國號晉，定都洛陽，史稱「西晉」。316 年西晉被匈奴所滅，存世 50 年。如果從 280 年統一全國算起，統一時間才 36 年。西

晉雖然「曇花一現」，但它是魏晉南北朝長期分裂時期中的短暫統一時期。

西晉的第二代皇帝惠帝（司馬衷）是個愚痴之人，沒有能力治理國家，朝中大權盡落於皇后賈氏之手。司馬氏諸王不滿朝中賈氏獨斷專權，欲殺賈氏執掌大權，於是便發生了晉朝歷史上有名的「八王之亂」。八王全部是西晉皇室宗親。八王之亂前後歷時 16 年之久，是中國歷史上空前的大內訌。期間，西北方各少數民族乘機起兵，紛紛入侵中原地區，最終西晉被匈奴族所滅。

東晉是西晉皇族司馬睿於西元 317 年在建康（今南京）建立起來的政權，史稱「東晉」。420 年東晉被劉裕的宋朝取代，共 103 年的時間。那時候北方陷入嚴重的戰亂。4 世紀後期，氐族人建立了前秦政權。前秦王苻堅勵精圖治，國家得以發展壯大，繼而統一了黃河流域。苻堅是個有抱負的人，他打算一舉滅掉東晉，統一全國。於是雙方發生了歷史上有名的淝水（今安徽瓦埠湖一段）之戰。

西元 383 年，苻堅在統一北方後，強徵 80 多萬軍士，揮兵南下，企圖一舉滅晉。面對前秦的外患，東晉內部矛盾暫時得以緩和，變得同仇敵愾。宰相謝安從容應戰，命令謝石、謝玄等率軍 8 萬隔淝水與秦軍對峙。面對強大的對手，謝玄派精兵 5,000 夜渡洛澗（今安徽洛河），大破秦軍，殺

秦將 10 名，殲敵 1.5 萬。東晉首戰告捷，士氣大振，接著水陸兼程，直逼淝水東岸。淝水之戰前，前秦眾大臣認為時機不到，反對攻晉。但苻堅一意孤行，自恃兵多勢強，鼓吹自己有百萬大軍，只要把馬鞭投入江中，就足以阻斷江水（成語「投鞭斷水」由此而來）。但戰役開始不久，苻堅登壽陽城，見晉軍軍紀嚴明，又望見八公山（在今安徽淮南西）上的草木，以為都是晉兵（成語「草木皆兵」由此而來），開始害怕起來。謝玄針對秦軍上下離心、各族士兵厭戰的情況，遣使要求秦軍向後撤退，以便晉軍渡河決戰。苻堅意圖待晉軍渡河過半時（「半渡而擊」由此而來）派騎兵衝殺，就同意後退。然而秦軍一退不止，加之在襄陽被俘晉將朱序大喊：「秦兵敗了！」秦軍聽到，信以為真，於是陣腳大亂，潰不成軍。晉軍乘機渡淝水，發起猛烈進攻，致秦軍大敗。潰兵逃跑時聽到風聲和鶴叫，都以為是晉的追兵（成語「風聲鶴唳」由此而來），因而晝夜奔跑，飢寒交迫，死者80%。苻堅身中流矢，單騎而逃。此戰是中國戰爭史上以弱勝強的經典戰例之一。戰後，前秦統治瓦解，北方又陷入割據混亂的狀態。東晉政權得以暫時穩定，經濟發展水準得到明顯提高。

南北朝

■ **南朝**：東晉王朝之後，南方先後共經歷宋、齊、梁、陳
　四個朝代，總稱「南朝」。

■ **北朝**：北魏（鮮卑族建立）繼前秦之後，重新統一黃河
　流域。北魏後來又分裂成東魏和西魏，東魏後來被北齊
　取代，西魏又被北周取代，這五個朝代統稱北朝。

南朝和北朝合起來叫做「南北朝」。

這個時期有這樣一些特點。一、封建國家分裂，政權交
替頻繁。二、南方相對穩定，江南地區得以開發。三、北方
戰亂不休，但民族融合加強。四、士族制度形成、發展和衰
落。五、文化承上啟下，佛教盛行。其中，南朝地區得以開
發和北朝民族大融合，是這個時代的最大亮點。

南北朝時期，江南大片的荒地開墾出來，成為良田；興
修了許多水利工程；種稻學會使用綠肥、糞肥；小麥的種植
推廣到江南。這些變化是以前沒有過的。是什麼原因使人煙
稀少的南方得以開發的呢？主要有以下原因：北方戰亂不
休，人們紛紛南遷。南遷的北方人給江南地區帶去了勞動力
和先進的生產技術及不同的生活方式。南方雨量大，氣候溫
暖，土地肥沃，具備發展農業的優越條件。另外，南方的戰
爭相對較少，社會比較安定。

這個時期，全國人口遷徙洶湧澎湃。一是北方和西方大

量少數民族入居中原黃河流域；二是中原漢族人民為躲避戰亂，有的南遷長江流域，有的北遷關外廣袤的少數民族邊疆地區。遷居中原的少數民族，受漢族封建經濟文化的影響，先後轉制成了封建制。漢族也從少數民族那裡學習了很多有益的東西。這種民族間的融合，有利於全國社會經濟發展。其中北魏孝文帝的改革，既順應了民族融合的趨勢，又加快了民族融合的進度。

為了加強對漢族先進文化的學習，同時加大對黃河流域的控制力度，進而鞏固北魏政權，孝文帝決意遷都，由平城遷至洛陽。

西元 493 年，魏孝文帝親率 30 多萬步兵騎兵南下，由平城出發，直奔洛陽。當時正趕上洛陽天天下雨，雨期綿延一月，道路溼滑泥濘，導致行軍困難。但是孝文帝仍舊下令繼續南進。大臣們本就不願出兵伐齊，又以天氣多雨為由，來阻攔南進伐齊。孝文帝嚴肅地說：「如果半途而廢，豈不是被後人當作笑柄。不南進可以，但有個條件，就是把國都遷到這裡，怎麼樣？」大家一聽，因為沒有心理準備，都面面相覷。見此情景，孝文帝接著說：「不能再猶豫了。同意遷都的往左邊站，不同意的站在右邊。」這時其中一個貴族說：「只要陛下同意停止南伐，那麼遷都洛陽，我們也認了。」眾文武官員雖反對遷都，但只好妥協贊同。孝文帝

暗喜之餘，又派拓跋澄回到都城平城，向王公貴族們宣揚遷都的好處。此後，他還親返平城，召集貴族老臣，反覆商議遷都之事。即使如此，平城的貴族中還有不少人反對遷都，說：「遷都是大事，凶吉難測，還是卜個卦吧。」孝文帝耐心地說：「卜卦是為了解決疑難不決的事。遷都的事已經沒有疑難，不必卜了。要治理天下，我們應該以四海為家，走南闖北，哪有固定不變的道理。再說我們的祖先也幾次遷都，為什麼我們就不能遷呢？」貴族大臣被駁得啞口無言，遷都洛陽之事就此敲定。

孝文帝改革是這個時期濃重的一筆，改革分為三個階段。遷都以前，進行政治經濟的改革。遷都洛陽，是為了接受漢族文化，加強對中原地區的控制。在具體推行改革的過程中，遷都洛陽最為關鍵，也最費周折。遷都以後，首先，改用漢語，穿漢服，改漢姓（如拓跋改姓元，步六孤改姓陸，獨孤改姓劉，賀賴改姓賀，賀樓改姓樓等）；其次，鼓勵鮮卑貴族與漢族聯姻；再次，沿用漢族的官制律令，學習漢族禮法，崇奉孔子的思想，提倡以孝治國，做到尊老養老。

隋朝

西元 581 年，北周大將楊堅奪取北周政權，建立隋朝。589 年，隋軍南下，滅掉南朝最後一個朝代陳，統一全國。

隋朝亡於 618 年，統治中國 37 年，統一全國 29 年。前後僅隋文帝、隋煬帝兩代，是中國歷史上短命王朝之一。

隋朝雖然命短，但三件大事足以讓它名垂青史：出現開皇之治，創立科舉制，開鑿大運河。

開皇之治

隋文帝楊堅即位後，大力推行政治、經濟改革，特別是促進生產、注重吏治的措施，效果很好。人民的負擔輕了，經濟繁榮了，人口大幅度增長，儲存的糧食布匹可供應政府五六十年開銷，國家出現了統一安定的局面。因為隋文帝前期的年號為開皇，所以歷史上稱他的統治為「開皇之治」。開皇之治為唐朝的繁榮打下了基礎。

設立科舉制

魏晉以來，官吏的選拔主要來自高門權貴。高門權貴無論好賴，都可以做官。這樣，許多出身低賤卑微但有真才實學的人，卻沒有機會做官。為改變這種選官弊端，隋文帝時就採用分科考試的辦法來甄選官員，考試合格方可為官。隋煬帝時正式設立進士科，考查應試者對時事的看法，根據成績錄用人才，這一措施標誌著科舉制正式誕生。

科舉制改善了用人制度，擴大了統治基礎，為寒門子弟做官創造了機會；它還促進了教育事業的發展，用功讀書蔚

然成風。

　　科舉制影響深遠，這一制度在中國封建社會中得以延續了 1,300 多年。現在實行的公務人員高普考制度就借鑑了一些科舉制的應試方法。西方的文官制度透過公務員考試來選拔人才，其選拔制度也公認源自中國的科舉制。

開鑿大運河

　　西元 604 年，隋文帝被殺。死後第二天，其子楊廣繼位，即隋煬帝。隋煬帝成就了一件舉世聞名的大工程 ── 開鑿大運河。

　　隋朝大運河，西元 605 年開鑿，610 年完工。運河以洛陽為中心，北到涿郡（今北京），南到餘杭（今浙江杭州），全長 2,000 多公里，是古代世界上最長的運河。隋煬帝繼位第二年就開鑿大運河，他憑什麼能進行這麼浩大的工程？原因有三：一是他有個勵精圖治的好父親，父親給他奠定了良好的基礎。前邊我們說過，開皇之治 20 多年，出現了經濟繁榮的景象，這就使隋煬帝開通大運河有了雄厚的經濟實力。二是國家統一安定，使隋煬帝徵發幾百萬民工有了可能性。三是有前代開鑿的古運河為基礎（邗溝就是春秋時吳國夫差所開鑿的）。

　　那麼，大運河的開鑿有什麼意義呢？我們先來看看古人的評價。

　　晚唐詩人皮日休有一首《汴河銘》，其中稱讚道：「北通涿郡之漁商，南運江都之轉輸，其為利也博哉！」意思是南來北往的漁商，從中獲利很大。

　　古人還評價說：「天下轉漕，仰此一渠。」意思是全國的內河運輸，就仰仗著大運河。由此不難看出古人對開鑿大運河的肯定。但也有人持否定態度。到底開鑿大運河是件好事還是壞事呢？總的來說是好事，但用一個「好」字和一個「壞」字來評價太簡單了。持「好事」態度的人，抓住了問題關鍵，認為大運河確實成為南北交通的大動脈，大大促進了南北經濟交流，利於國家統一。持「壞事」態度的人，認為開鑿大運河，過度役使了民力，給人民帶來了沉重的徭役負擔。西元 618 年，隋煬帝在揚州被勒死，不是偶然。

唐朝

　　從西元 618 年唐高祖李淵稱帝建立唐朝開始，到 907 年後梁太祖朱溫篡唐為止，唐朝共經歷 289 年。唐朝是中國封建歷史中統治時間最長的一個朝代，與西漢並稱為中國歷史上兩大強盛王朝。唐朝大致以安史之亂為界，分為前期和後期。

　　前期經歷了以下主要歷史事件。

　　李淵開國。隋朝時期，隋煬帝重用李淵，但同時又對他

不甚放心，便派人監督他。隋朝末年發生了農民起義，隋朝的滅亡已經不可扭轉，李淵便生起取而代之的念頭。於是在太原起兵造反，率眾兒子參加了起義的大軍。西元 618 年，他建立唐朝，定都長安，其嫡長子李建成稱太子，嫡次子李世民稱秦王，嫡四子李元吉稱齊王。

　　貞觀之治。李世民對於唐朝的建立，功勞甚大。其軍事才能突出，在多次重要戰役中取得勝利。建唐後，太子李建成為了爭奪皇位，與李世民發生了激烈的鬥爭。西元 626 年，李世民發動玄武門之變，殺了太子與齊王，獲得了長安的控制權。李淵非常了解時局，於是禪讓帝位給李世民。李世民繼位，即唐太宗，年號貞觀。

　　唐太宗參加過波瀾壯闊的隋末農民戰爭，從中認識到人民群眾力量的強大。他經常對自己或者大臣們說：「舟所以比人君，水所以比黎庶，水能載舟，亦能覆舟。」

　　他重視民間生產，減輕農民的賦稅勞役負擔；注意戒奢從簡；合併州縣；任用賢才；虛心納諫。在貞觀年間，政治比較清明，經濟恢復發展很快，國力大大加強，從而出現了治世「貞觀之治」。據史料記載，貞觀四年（西元 630 年），全年死刑犯僅 29 人。而當時的物價，一斗米不過 3、4 錢。

　　高宗時期。唐太宗去世後，李治即位，即唐高宗。在此期間，因為軍事方面有宿將如李勣、蘇定方、薛仁貴等的支

撐，宮內有名臣長孫無忌、褚遂良等的輔佐，所以唐高宗還像個皇帝樣。後來，唐高宗的身體每況愈下，他就把許多政事逐漸交給武則天處理，武則天便成為最高統治者之一，與高宗並稱「二聖」，而此時的高宗實為傀儡。

武周篡唐。西元 690 年，武則天從幕後來到堂前稱皇帝，改國號為周，即武周，定都洛陽（號稱「神都」），成為中國歷史上唯一的女皇帝。她執政期間，傳承唐太宗的治國理念，繼續促進生產，完善科舉制，選拔賢才等。她特別愛惜人才，選拔人才不拘一格，如對姚崇、駱賓王、狄仁傑、張柬之、張仁願等名臣將領的選拔使用。人們稱頌她的統治「政啟開元，治宏貞觀」。

開元之治。武則天以後，唐朝政局動盪，直到唐玄宗即位，局面才穩定下來。唐玄宗是唐太宗的孫子，其統治可分為開元與天寶兩個階段，其中開元時期的政治比較清明。他任用姚崇、宋璟、張九齡等賢臣，進行吏治改革；還注重節儉，促進生產，使開元年間的政局煥然一新，史稱「開元之治」。

安史之亂。天寶年間，唐玄宗開始放縱自己，奢侈享樂，不問國事，寵愛楊貴妃，任用口蜜腹劍的李林甫等奸臣，終於釀成了安史之亂。自此，唐朝日漸衰落下去。

藩鎮割據、外族入侵、宦官專權與牛李黨爭等內憂外患

接踵而至。9世紀後期，爆發了黃巢之亂，雖然被平定，但唐朝已土崩瓦解。西元907年，唐哀帝在朱全忠的逼迫下禪讓。朱全忠建國後梁，唐朝亡，五代十國時期由此開啟。

縱觀唐朝時期，國家安定，政治清明，出現了「貞觀之治」和「開元盛世」兩個治世局面，這在歷史上絕無僅有。唐朝時期，經濟繁榮，人民安居樂業，3代皇帝完善科舉，使科舉制成為中國歷史上選拔人才的重要制度，影響至今；實行開明的民族政策，漢民族和少數民族和同為一家，使中國統一的多民族國家得到空前發展。文成公主入藏成為歷史佳話。

文成公主入藏弘佛圖

唐朝時期，實行開放的對外政策，與亞、非、歐的國家都有往來。唐朝在世界上享有很高的聲響，所以在國外才有「唐人」、「唐人街」等名稱。鑑真東渡、玄奘西遊、遣唐使

等美妙的故事，就是唐朝與外國友好交往的見證。

　　唐朝時期，詩歌繁榮，詩人輩出，出現了李白、杜甫、白居易等大詩人。

李白像　　　　　　　杜甫像

　　唐朝時期，書法藝術發展至巔峰狀態，楷體書法名家輩出，最著名的是顏真卿、柳公權；草體書法名家有張旭、懷素等人。

兩宋

　　宋朝是中國歷史上上承五代十國、下啟元朝的時代，分為北宋與南宋，合稱兩宋。

　　西元 960 年，歷史上有名的「陳橋兵變、黃袍加身」故事發生，趙匡胤以宋為國號，定都開封，即北宋。

　　宋太祖和宋太宗兩朝是北宋統治的第一階段。這時期中

央和地方的矛盾，中央和皇帝的矛盾都比較深。趙匡胤為鞏固統治，採取了一系列加強封建專制統治的措施。建隆二年（西元961年），宋太祖召集部分禁軍高級將領宴飲，許以高官厚祿，解除了他們的兵權。後又以同樣的手段，解除了藩鎮節度使的兵權。這就是用非軍事手段解除兵權的「杯酒釋兵權」。杯酒釋兵權，一方面加強了中央集權統治，有利於宋朝初年的安定；另一方面，也使得宋朝的將領處處受到牽制，臨陣時不能應變處置。

真宗、仁宗、英宗、神宗是北宋統治第二階段。這段時期，宋代的社會矛盾激化，農民起義和兵變在各地相繼爆發，鬥爭的浪潮一浪高過一浪。如王小波起義、王均起義相繼爆發。面對這種情況，改革和變法也如雨後春筍。著名的有仁宗時期的慶曆新政，神宗時期的王安石變法。

哲宗、徽宗、欽宗三朝是北宋統治的第三階段。這期間北宋和金的矛盾逐步上升為主要矛盾。金人兩次南下，北宋滅亡。

澶淵之盟、靖康之恥等都是發生在北宋。

西元1127年，趙構於臨安（今杭州）稱帝，是為宋高宗，建立了歷史上的南宋。

南宋與西夏、金朝和大理為並存政權。南宋政權偏安江南，苟且偷生，不思進取；南宋政治相當黑暗，高宗時有秦

檜把持朝政，殘害岳飛等抗金忠良。西元 1276 年元軍攻占南宋都城，1279 年南宋滅亡。

兩宋的歷史共 319 年，在歷史上也有它獨特的地方。

從政治上看，兩宋民族政權並立，民族矛盾突出，和戰交替，但民族融合是歷史發展的主流。

從經濟上看，兩宋時期南方經濟取得了前所未有的大發展，經濟重心南移完畢。

兩宋時期，許多中原人南移，將先進的勞動力和生產技術帶去了南方，加上南方戰亂較少，自然條件優越，所以江南農業發展較快，漸漸超過北方。此時水稻代替了小麥躍居糧食產量的第一位；蘇州、湖州成為全國的重要糧倉，因此，民間流傳「蘇湖熟，天下足」的諺語。

兩宋時期，南方的手工業非常興旺。蜀地的絲織品冠絕天下；棉織業從海南島地區慢慢發展到東南沿海一帶。兩宋時期是中國瓷器史上的鼎盛時期，江南逐漸發展成為中國的製瓷業重心，所產的冰裂紋瓷聞名遐邇，景德鎮成為重要的製瓷中心。兩宋的造船業技術舉世聞名，廣州、泉州兩地就是最有代表性的造船基地。

兩宋時期，耕種土地大幅減少，絲綢之路被阻斷，整個社會被迫開啟以商業經濟為主的經濟發展模式，其中尤以遠洋貿易為主。這時，最大的城市臨安的人口已經突破了百

萬，大街小巷店鋪林立，貿易往來夜以繼日。這個時期的海外貿易遠超前代，主導了世界海外貿易市場；海外貿易的足跡遍布東亞、西亞、非洲等地區，與 50 多個國家通商，這在歷史上絕無僅有。

宋代，海外貿易所得在財政收入中占重要地位。據《宋史》記載：「國家根本，仰給東南。」意思是政府的財政收入，主要來自南方，特別是東南地區。

從科技上看，兩宋時期在整個社會經濟、文化全面發展的基礎上，科學技術也得到了長足的進步。兩宋的科技成就卓越，不僅發展到中國古代科學技術史上的巔峰階段，而且在當時的世界範圍內也處於領先地位。如活字印刷、火藥和指南針就是在兩宋時期完成或開始應用的。大科學家沈括在他的《夢溪筆談》中預言，石油在未來「必大行於世」。而「石油」這一名稱，便由他命名。

宋代的詞是中國文學長廊中的一朵奇葩。宋代詞人層出不窮，有豪放派的蘇軾、辛棄疾，有婉約派的李清照、柳永、秦觀、周邦彥等。在書法、繪畫藝術方面，張擇端的《清明上河圖》達到了前所未有的水準。這幅長篇畫卷描繪了開封的風土人情和數量龐大的各色人物，成為中國傳世名畫之一。

兩宋時期，隨著商業的發展，城市漸趨繁榮，市民階層

不斷發展，文化生活豐富多彩。開封城內有很多商業和娛樂功能兼具的場所，叫做「瓦子」。瓦子中圈出很多專供演出的圈子，稱為「勾欄」。這裡有演雜劇的、唱曲的、說書的，有擺攤的、賣藥的、剃頭的，令人眼花繚亂。那時候，已有端午節、元宵節、中秋節等，春節也掛年畫、守歲、放鞭炮。家喻戶曉的有關楊家將、包公、水滸傳、岳飛抗金、穆桂英掛帥等故事都發生在兩宋時期。

元朝

元朝，自西元 1271 年定國號為元開始，到 1368 年明軍攻入大都為止，共 97 年的歷史。元朝是蒙古族建立起來的龐大王朝，它是中國歷史上第一個由少數民族建立並統一全國的政權。蒙古族以其強大的武力，不僅征服了中原及長江以南地區，而且將其控制範圍擴張至西亞地區，使元朝成為中國有史以來疆域最遼闊的王朝。

中國北方蒙古高原上，居住著很多遊牧民族。它們之間戰亂不已。當時有歌謠這樣描述：「沒有逃避的地方，只有衝鋒打仗；沒有平安幸福，只有互相殺伐。」那時有一個人叫鐵木真，他組織了一支強大的軍隊，歷經多年征戰，統一了蒙古高原。西元 1206 年，蒙古國建立，鐵木真被尊稱為成吉思汗。之後，他和子孫們發動了大規模的擴張戰爭，除對

金、西夏、南宋作戰外，還將蒙古馬的鐵蹄踏進歐洲多瑙河流域，建立了欽察、察合臺、窩闊臺、伊兒四個汗國，國土空前擴大。

元朝的第一位皇帝是忽必烈，他是成吉思汗的孫子。忽必烈改國號為元，定都大都（今北京），西元 1276 年滅南宋。當時南宋大臣文天祥繼續抗元，兵敗被俘，拒絕投降，悲憤地寫下了流傳千古的〈過零丁洋〉一詩，表達死不改節的決心。

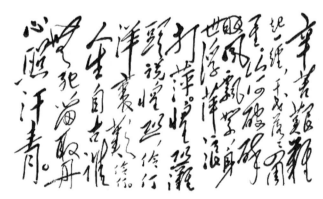

《過零丁洋》詩

元朝的歷史始於開國皇帝元世祖忽必烈。

作為少數民族出身的皇帝，元世祖非常重視農業。為便利南糧北運，他下令開鑿兩段新運河。

為加強對全國的統治，元世祖實行行省制度，影響至今。

元世祖時期，中外交往很頻繁。此時中國成為世界上最繁榮昌盛的國家，西方各國的使者、商人、旅行家紛紛慕名來到中國。其中最有名的就是馬可‧波羅。馬可‧波羅的父親尼古拉‧波羅和叔父瑪飛‧波羅，都是威尼斯的商人。兄弟倆做生意來到了中亞細亞的一座城市 —— 布哈拉。有一次，忽必烈的使者經過布哈拉，見到尼古拉兄弟，心生好奇，就對他們說：「我們大汗沒見過歐洲人。你們如果能夠跟我一起去見大汗，保證叫你們榮華富貴；再說，跟我們一起到中國去，再安全不過了。」兩兄弟聽了喜出望外，便跟隨使者來到中國。忽必烈聽說來了兩個歐洲客人，十分高興，很快接見了他們。後來，兩人告別了忽必烈，離開中國。回到義大利後，尼古拉把在中國的見聞講給 15 歲的兒子馬可‧波羅聽，兒子心裡便埋下了去中國的種子。西元 1275 年，尼古拉帶著兒子來到元朝，進宮拜見了元世祖。元世祖特地在皇宮裡舉行宴會，熱烈歡迎他們。小馬可‧波羅聰明異常，很快便掌握了蒙古語和漢語。元世祖很賞識他，不久便派他到雲南辦事。回到大都後，馬可‧波羅將在雲南各地考察到的風俗人情向元世祖詳細地進行匯報。元世祖直誇馬可‧波羅能幹。此後，凡有重要出行任務，元世祖總派馬可‧波羅去。馬可‧波羅在中國生活了 17 年。回到義大利後，帶回許多珍珠寶石，引得當地人羨慕。後來一個作家名叫魯思

梯謙，他把馬可‧波羅的經歷編成名為《馬可‧波羅行紀》
（又名《東方見聞錄》）的書。書中詳細介紹了中國的著名
城市，稱讚其繁榮富庶。這本書一出版，便掀起了歐洲人嚮
往中國文明的熱潮。不久，歐洲人就開始開闢新航路。可以
說，《馬可‧波羅行紀》一書的出版，成了歐洲人開闢新航
路的一個重要動機。

　　元朝時期，民族融合進一步發展。那時候來中國居住的
波斯人、阿拉伯人同漢人、蒙古人、畏兀兒（今維吾爾族）
等族，雜居相處，互通姻親，逐漸融合，一個新的民族──
回族，就此形成。元朝境內大規模的人口流動，促進了民族
間經濟、文化的發展與融合。

　　元朝後期，階級矛盾激化，民變此起彼伏，如西元 1351
年劉福通領導的紅巾軍起義。特別是朱元璋領導的起義軍，
不斷擴充自己的勢力，統一了江南的半壁江山。1367 年，朱
元璋任命徐達為征虜大將軍，常遇春為副將軍，實施北伐。
1368 年 8 月攻陷元大都，元順帝棄城北逃，元朝統治畫上了
句號。

明朝

　　明朝，從西元 1368 年朱元璋滅元稱帝開始，到 1644 年
崇禎帝在景山吊死止。因為明朝的皇帝姓朱，所以明朝又稱

「朱明」。明朝是中國封建歷史上上承元朝、下啟清朝的朝代，是漢族建立起來的強大王朝，是中國封建社會繼秦朝、漢朝和唐朝之後又一個盛世。

明朝歷史，以明太祖、明成祖的統治最為重要，最具有特色。

明太祖朱元璋是明朝的開國皇帝，他和漢高帝劉邦一樣是百姓出身而統一全國的君主。在位期間，他大力加強君權，廢除元朝以來實行的行省制；撤銷了自秦朝以來實行了1,500多年的丞相制度；設立的特務機構——錦衣衛，開創了中國特務機構的先河。錦衣衛是皇帝的侍衛親軍，因衣著錦繡華麗而得名。

錦衣衛隨駕出行，最初只是皇家儀仗隊，日後卻漸趨變為一個特務機構。

錦衣衛用刑非常殘酷。廷杖（對朝中大臣實施杖責的一種懲罰）是其中特別的一種。初期杖滿就停刑，後期時常打人致死。還有一種是用300斤（明代1斤約為590公克，今約177公斤）重的立枷，很快就可將犯人壓死。這種對犯人嚴刑逼供、非法凌虐、毫無人道的酷刑，使得朝野上下怨聲載道。後來取消。

錦衣衛在天津設立機構後，由皇帝直接指揮，不受法律的約束。錦衣衛足跡遍布全國。他們遵照聖旨私下打探軍情

民意，不放過一點對皇帝不利的言行，當地的官吏不敢隨便加以過問。時人只要稍微流露出對他們的不滿，便被抓去受刑，九死一生。

經過「靖難之變」，朱棣登上帝位，他就是明成祖，年號永樂。明成祖即位後，繼承父業，繼續加強君權。在錦衣衛的基礎之上，又增設特務機構 —— 東廠。明成祖實行削藩政策，致力於解除藩王的威脅；改北平為北京，遷都北京，加強中央對北方的控制。明成祖統治時期是明朝的輝煌時期。《永樂大典》就是明成祖組織人修訂的。

明朝時期，中外關係既有友好往來，也有衝突鬥爭。

明朝前期，中國處於強盛時期。為了加強同海外各國的連繫，從西元 1405 年到 1433 年，鄭和七次下西洋（文萊以西的東南亞和印度洋廣大地區）。其足跡遍布亞非三十個國家和地區，最遠到達紅海沿岸和非洲東海岸，比歐洲航海家的遠航早半個多世紀。鄭和的遠航，促進了中國和亞非各國的經濟交流，並實現了中亞非友好關係的建立。

明朝中期，海防鬆弛，倭寇猖獗。名將戚繼光在人民群眾的大力支持下，得以平息東南沿海的倭患。

戚繼光像

　　明朝末年，一些歐洲殖民者不斷侵略中國沿海地區。特別是葡萄牙殖民者，於西元 1553 年占領了中國廣東的澳門。

　　經濟上當時中國並不落後。明朝中後期，在農業、手工業、特別是商業發展的前提下，紡織部門出現了資本主義性質的生產關係。這是歷史的巨大進步！可惜這點資本主義經濟剛剛萌芽就被強大頑固的封建經濟和制度給扼殺了。所以中國就沒有順理成章地進入資本主義社會，而是在外國的侵略下進入了半殖民地半封建社會。

　　明朝時期，社會生產力顯著提高，商品經濟繁榮發展，促進了科技的進一步發展。眾多科學家，積極投身於研究領域，因而誕生了一批科技巨著。傑出的科學家宋應星，深入經濟發展的第一線，寫出了《天工開物》。書中總結了經濟各個領域的生產技術，反映了明朝資本主義萌芽的面貌，還強調了人類與自然的協調，人力與自然力的配合，這一點很超前，頗有開拓之功。《天工開物》被外國學者稱為「中國 17 世紀的工藝百科全書」。科學家徐光啟著有記載農業生產理論和科學方法的《農政全書》，最早傳播了西方近代的科學知識，在中國農學史上留下了濃墨重彩的一筆。

　　在這一時期，醫藥學家李時珍寫出了藥物學巨著《本草綱目》。

清朝

清朝，從西元 1616 年努爾哈赤
建立後金開始，到 1912 年最後一個
皇帝溥儀退位止。清朝是由女真族
（滿族）建立起來的封建王朝，是中
國歷史上繼元朝之後的第二個由少
數民族統治中國的王朝，也是中國
最後一個封建帝制國家。清朝的歷
史分為兩大時期：前期是封建制度
的清朝，後期是半殖民地半封建社
會的清朝。在這裡我們看到的只是
清朝前期的歷史。

努爾哈赤像

　　明朝後期，女真族出現了一位傑出的領袖 —— 愛新覺
羅·努爾哈赤。在他的領導下，女真族（今滿族的前身）迅
速崛起。西元 1616 年，努爾哈赤建立「後金」。

　　後來，努爾哈赤之子皇太極改女真族為滿洲族。西元
1636 年，皇太極在瀋陽稱帝，改國號為清。

　　西元 1644 年，皇太極的兒子福臨（順治帝）在攝政王多
爾袞的輔佐下，遷都北京，逐步建立起對全國的統治。

　　西元 1662 年，順治帝薨，在輔政大臣鰲拜、索尼、蘇克
薩哈等人的輔佐下，順治之子玄燁即位，年號康熙，這就是

歷史上的清聖祖。

康熙皇帝是中國歷史上傑出的皇帝之一，他在位的 61 年是清朝發展最快的一段時期。康熙有「千古一帝」之稱。康熙即位之初，除掉了結黨營私的輔政大臣鰲拜。後又經過 8 年奮戰，一舉平定了以吳三桂為首的三藩之亂，維護了統一；招撫臺灣鄭氏家族，設臺灣府，加強臺灣與中國沿海的連繫，鞏固了海防；擊潰侵略東北的沙俄軍，簽訂《尼布楚條約》，劃定中俄兩國東段邊界，鞏固了統一的多民族國家。

康熙之後，雍正帝即位。他是中國歷史上最勤政的君王之一。

雍正之後，乾隆帝登基。乾隆朝的 60 年是清王朝國力最強的時期。

乾隆帝在位期間，干了許多大事。為了加強君主專制，他設立軍機處，由皇帝選調親信大臣組成。這一措施，標誌著中國封建君主集權進一步強化。他平定大小和卓的叛亂，設置伊犁將軍，加強對新疆的管理；妥善安置土爾扈特部，加強了同蒙、回等少數民族的連繫；進一步發展經濟，國力更加昌盛。康熙、雍正、乾隆三代皇帝統治的時期，社會穩定，經濟發展，人民生活水平大大提高，清朝達到了有史以來的鼎盛階段，史稱「康乾盛世」。

　　康、雍、乾三世的確是清朝統治的頂峰，但也是清朝走向衰落的開始。

　　大興文字獄，在康、雍、乾三朝達到登峰造極的地步。這造成了社會的恐慌，摧殘了人才，嚴重阻礙社會的發展與進步。

　　清朝嚴格限制對外貿易，這就是閉關鎖國政策。這一政策對西方殖民者的侵略活動起了一定的自衛作用，但它使清朝與世隔絕，看不到世界形勢的趨勢和變化，使中國在世界上孤立了，逐漸落伍了。近代中國落後挨打 100 年，與清朝奉行的閉關鎖國政策關係很大。

　　西元 1796 年，乾隆皇帝讓位於其子仁宗顒（ㄩㄥˊ）琰，年號嘉慶。嘉慶之後道光帝即位。他是鴉片戰爭的頭號當事人。從 1840 年鴉片戰爭開始，歷史進入清朝後期，期間經歷了道光、咸豐、同治、光緒、宣統幾位皇帝。

第二章　帝王風流

第二章　帝王風流

┃ 遠古始祖三皇五帝

　　三皇五帝是遠古時代，即原始社會中後期出現的為人類做出卓越貢獻的部落首領或部落聯盟首領。

　　三皇組成有不同說法。第一，三皇指燧人（燧皇）、伏羲（羲皇）、神農（農皇）。第二，流傳最廣，為大多人民接受並熟知的三皇，指伏羲（天皇）、神農（地皇）、軒轅（人皇）。

三皇五帝像

　　伏羲（天皇）是古代傳說中中華民族人文始祖之一，是中國神話傳說中最早的部落首領，中國醫藥鼻祖之一。他根據世間萬物的變幻，發明創造了占卜八卦；創造古老文字，結束了「結繩記事」的歷史；觸類旁通，結繩為網，用來捕

鳥打獵，教會了人們漁獵的方法；發明了古樂器琴、瑟，創作了古老的曲子。

神農（地皇）的發明也不少。他發明種植，識五穀，首創農具耒與耜，又首創紡織。他教育人們：「男人不勤勞耕作，老百姓就會挨餓；女人不紡紗織布，老百姓就會挨凍。」為給人們做出榜樣，他親自耕作，他的妻子親自紡織。為了使人們免遭疾病困擾，他到山野中採集百草，遍嘗草木性味，發明了草藥醫療法。這就是後人所說的「神農嘗百草，始有醫藥」。他還發明了鹽，這對於改善人類的飲食和營養結構，增強人類體質具有十分重要的作用。

傳說軒轅（人皇）更是個聰明能幹的人物。他設立官職，廣舉賢能，大治天下；他會推算天文，制定出中國最早的曆法；他還會製造車、船和指南車，特別是指南車為後來指南針的發明奠定了基礎；他還精通醫術，與他人共同研究出一套治療方法，被後人編成中國最早的醫書《黃帝內經》。居者靠河流，牧者逐水草，很不方便。他又發明了井，改變了古人飲水的限制；他教人們蓋房子，改變了人的穴居狀態。他的手下倉頡，造出了象形文字。他的妻子嫘祖也十分能幹，她傳授給人們養蠶技術，並進而總結出一套餵蠶、繅絲、織帛的經驗。由此人們便能夠製作衣服、鞋帽，徹底改變了穿樹葉獸皮的落後局面，提高了人們的生活水平。

三皇的這些發明，來自許多神話傳說。在位時期的這些發明也不是他們一個人的功勞，而是大家的集體結果。這些發明反映的也只能是三皇那個時代勞動人民的聰明才智。至於說這樣那樣的創造是三皇發明的，那是因為三皇在人們心中的威信高，後人一致承認他們是華夏始祖，所以就把一切文明創造都推源於他們個人而已。

五帝的說法更多。主要有三種。第一種說法指黃帝（軒轅）、顓頊、帝嚳、堯、舜。第二種說法指太暤（伏羲）、炎帝、黃帝、少暤（少昊）、顓頊。第三種說法指少昊（暤）、顓頊、高辛（帝嚳）、堯、舜。人們普遍認同的是第一種說法。他們的關係大致是這樣的：黃帝和顓頊之間是爺孫關係。帝嚳是黃帝的曾孫。堯是帝嚳的兒子。舜是顓頊的後代。也就是說顓頊、帝嚳、堯、舜都是黃帝的後代。

戰國時期的秦王嬴政統一全國後，自認為功勞蓋世，超過了三皇五帝中的任何一個人，就把「皇」與「帝」連在一起，稱「皇帝」，並自稱秦始皇帝，簡稱「秦始皇」。

治水有功大禹

繼黃帝之後，中國黃河流域傑出的部落聯盟首領還有堯、舜、禹。禹是其中功勞最大、最受人們崇敬的一個。禹因治水有功，後人稱他為大禹，也就是偉大的禹的意思。一

提起大禹，人們自然想到他治理水患的豐功偉績。其實，他父親鯀（《ㄨㄣˇ）一開始治水用的是堵塞法。他把人們活動的地區用土城圍了起來，不斷地用土築成堤壩，以此來堵塞漏洞。每當洪水到來的時候，將土層堤壩不斷加大。但是洪水來勢兇猛，對土牆的不斷衝擊，導致了堤毀牆塌，淹死百姓無數。鯀治水九年，沒有制服洪水，反被治罪處死。

大禹在領取了舜的治水命令之後，先總結其父治水失敗的經驗教訓，然後帶領一大幫人，對黃河進行考察。相傳有一次他們考察至山東的一條河邊，老天突然電閃雷鳴，大雨傾盆，山洪暴發。考察隊員有的被洪水淹沒，有的被水流沖走。大禹的隨行人員大受驚駭，因此後人將這條河稱為徒駭河。

考察完畢，經過對黃河水情的研究，大禹決定用疏導法來治理水患。他親自率領眾徒和百姓開始治水。他們風餐露宿，粗衣淡飯，辛苦地勞作著。尤其是大禹，白天實地考察、指揮，晚上研究，臉晒黑了，人累瘦了，但他沒有抱怨。一次，他們走到了河南洛陽南郊，發現了一座東西走向的高山，叫龍門山。山中段有一個缺口，細流從此流過。但當特大洪水暴發時，因為大山的阻擋，洪水在缺口處形成了漩渦，水位迅速上升，極易造成水患。大禹便集中人力，鑿開了這個缺口。河水由此飛瀉而下，龍門下的大鯉魚隨之而

下，上下跳躍，場面非常壯觀。

　　另外，大禹把黃河主流加深加寬，讓支流與主流相接，使所有支流的水都歸主流，洪水便可暢通流向大海了。同時，他們又將原來的高處挖深，使成低地，形成陸地和湖澤。大禹治水 13 年，用疏導法治水，體現出勞動人民的聰明才智和吃苦耐勞的精神。

　　大禹為了治理洪水，長年在外與民眾一起奮戰，置個人利益於不顧，據說曾三過家門而不入。第一次大禹路過家門口，妻子剛剛生下兒子沒幾天，屋裡還傳來嬰兒的啼哭聲，他頓時有了見兒子的衝動，但他怕延誤治水，沒有進家門看孩子一眼；第二次路過家門，聽說兒子已經會叫父親了，但當時工期緊張，他還是沒有進家門；第三次路過家門口，10 歲的兒子終於見到了父親，也不認生，便使勁把大禹往家里拉。大禹撫摸著兒子的頭，深情地說：「兒子，理解父親，治水工作還是很忙。」說完，毅然離開。大禹「三過家門而不入」的佳話，被人們千古傳頌。

　　治水成功之後，大禹來到茅山（今浙江紹興城郊），召集諸侯，論功行賞。後來，人們把茅山改名為會稽（ㄎㄨㄞˋ ㄐㄧ）山。再後來人們就在紹興建造大禹陵。

大禹像

　　我們了解了一個治水有功的大禹，你可知道一個跨越時代的大禹？這是怎麼回事？原來，大禹因治水有功，當選了部落聯盟首領。那時候，社會生產力又提高了，剩餘產品也多了，財產私有的現象就更加明顯了。大約西元前 2070 年，大禹建立了夏朝，這是中國歷史上第一個奴隸制王朝。大禹也就從一個部落聯盟首領變為奴隸制國家的國王。

滅夏建國商湯

　　商湯，又名成湯，是商朝的開國之君。

　　夏朝最後一個國王桀，是臭名昭著的暴君。夏桀的統治暴虐，他建造了很多豪華的宮殿，役使老百姓，強迫他們無休止地服勞役，人民怨聲載道。桀的生活淫亂，經常把人當作坐騎。

　　桀統治時期，夏朝日益衰敗。與之相反，黃河下游的商國卻日益強大。當時商國的國君是商湯，他任用伊尹等人，團結周圍小國和部落，趁機起兵攻夏。為此，他與廣大商兵全體戰前總動員。他慷慨激昂地說：「大家都靠攏我，聽我解釋。夏桀恣意用盡眾人的勞力，無休止地消耗夏朝的國力，普天下百姓們都痛恨地說：『夏桀你這個自封的太陽，什麼時候能落下呀？我們情願與你同歸於盡。』夏桀既然這麼壞，人民這麼痛恨他，我決定：征伐他，消滅他。這是老天的旨意，是眾望所歸。你們願不願意追隨我？」眾人高呼：「願意！天意！滅夏！」這就是著名的〈湯誓〉。西元前 1600 年，商湯戰勝夏桀，夏朝滅亡，商朝建立。

　　商湯是個識才之君。名臣伊尹，出身卑微，是湯王妃的陪嫁家奴。因為善於烹飪，引起商湯的關注，遂任用他為相，成為國家的最高執政大臣。伊尹又向商湯推薦了仲虺等出身不高但很有才華的人，商湯都委以滅夏的重任。為感謝湯的知遇之恩，他們都全力協助湯滅了夏桀，又協助湯建立起了商王朝。

　　商湯還是一個有作為的君主。滅夏做國君之後，他沒有驕傲自滿，而是和眾大臣一起勤懇辦事，做到「有功於民」、「服務於民」。他休養生息，關心百姓，人們都安居樂業，勤於生產，商朝很快強大起來。

商湯也是個有德之君。有一次,湯和仲虺、伊尹到郊外山林遊走,看見一個農夫正在張網捕捉飛鳥。這個人跪在地上對天拜了又拜,禱告到:「求上天保佑,網已經四面掛好,從四方來的鳥獸,不管是天上飛的,地上跑的,都會被我一網打盡。」湯見此情境,感慨道:「只有夏桀才能這樣張網!你如此張網的話,就會把飛禽走獸都捉絕啊!實在太殘忍了。」說完便把張掛的網撤掉三面,只留下一面。接著,商湯跪下禱告說:「天上的飛禽,地下的走獸,想往左飛的就往左飛,想往右跑的就往右跑,不聽話的就向網裡鑽吧!」說完起來對那個農夫和從人們說:「對待禽獸也要有仁德之心,不能趕盡殺絕,不聽天命的,還是少數,我們要捕捉的就是那些不聽天命的。」仲虺和伊尹聽了以後,都讚頌湯道:「您真是一個有德之君。」農夫深受感動。這就是成語「網開三面」的由來。

▎伐紂立國武王

一提起周武王建國,就難忘他的父親周文王,也就是人們所說的姬昌。商朝最後一個國王商紂,是和夏桀齊名的大暴君。他在位期間,徭役繁重,生活奢侈,使用炮烙之刑,殘酷鎮壓人民。舉國上下,怨聲載道。姬昌曾經被紂囚禁過,免禁回到周之後,便致力於周的發展壯大。他團結周圍

周文王像

小國，被推薦為西部之長；他重用賢才，特別是重用釣魚人姜尚；他重視農業生產，愛護百姓。周國在他的治理下，勢力變得非常強大，可謂三分天下有其二。但他終身沒有稱王。其子武王伐商建國後，追稱他為文王。

周文王在中國歷史上是一位明君賢人，被後世歷代所稱頌敬仰。他的主要功績是為滅商做好了充分的準備。

說起周武王，人們自然就會想到他領導的牧野之戰。

牧野之戰，又稱「武王伐紂」，是周武王率領聯軍與商朝軍隊在牧野進行的滅商決戰。

西元前 1046 年，周武王聯合西邊和南邊的小國，抵達黃河南岸的孟津（今河南孟津東北）。周武王舉行了誓師大會，他豪情萬丈地說：「俗話說，母雞打鳴，是家中的大不幸。現在紂王只聽信婦道人家。今天，我姬發（周武王的名）是執行上天的命令，討伐紂的無道！大家團結一心，努力前行！」這樣人心向周、商紂王孤立無援的形勢已形成。接著，武王率領的聯軍，以閃電戰的方式，直搗商都朝歌（今中國中部河南淇縣），在牧野（今淇縣以南衛河以北地區）展開激戰。商軍是由奴隸、平民等組成的，他們陣前倒

戈，引領聯軍攻入朝歌。商紂眼看大勢已去，只好自焚而死，商朝滅亡。周武王建立西周，定都鎬京（今陝西西安）。

周武王像

西周建立後不久，面對廣闊的領土，周武王獨具匠心，實行了對歷史影響久遠的分封制和宗法制，把政治制度與血緣關係有機地結合起來，成為維繫統治階級內部關係、加強奴隸主貴族世襲統治的工具。透過這兩個制度，西周開發了邊疆地區，鞏固了統治，使周朝成為一個強盛的國家，達到了中國奴隸社會的頂峰。

▌史冊永載秦始皇

在中國的封建帝王中，沒有一個皇帝像秦始皇那樣在有限的生命當中，做的事情那麼多，所做的事情影響那麼久遠！也沒有任何一個皇帝像他那樣頗受爭議。

秦始皇 13 歲即位，39 歲完成統一大業。這 26 年間，他橫掃六國，統一全國，結束了春秋戰國的長期分裂局面。李白有詩稱讚：「秦王掃六合，虎視何雄哉。」他日理萬機，治理國家，使秦國日益強大。他 39 歲稱帝，49 歲去世。這 10 年間，他創立的專制主義中央集權制，被歷代統治者效仿完善，延續了 2,000 多年。

秦始皇像

他首稱皇帝,從此以後,「皇帝」就成為中國封建社會最高統治者的稱謂。

他建立郡縣制,影響至今。

他統一貨幣,在全國範圍內使用圓形方孔錢,影響至今。

他統一度量衡,又影響到今天。

他統一文字,將小篆定為全國的規範文字,這更有利於文化的傳播。

他南征百越,修靈渠,為中原與嶺南地區的經濟文化交流提供了有利的條件。

他北擊匈奴,修長城,安定了北方邊界。漢初著名政論家賈誼稱其「卻匈奴七百餘里,胡人不敢南下而牧馬,士不敢彎弓而報怨」。

透過秦始皇的努力,秦朝疆域廣大:東到東海,西到隴西,北至長城,南達南海,是當時世界上的大國。

秦朝之後,歷代都批判秦始皇的殘暴不仁,如焚書坑儒、大建阿房宮、修長城、造驪山墓、修兵馬俑等。

秦始皇兵馬俑圖

當時一年役使 300 多萬人；農民還要將 2/3 的收穫上交國家；秦朝的刑法更是殘酷，「連坐」、「誅族」盛行。秦二世的統治更加殘暴、黑暗。這樣人們不得不「伐無道，誅暴秦」。

秦始皇背離了秦國崇尚節儉的傳統，這是他的一大失誤，也是導致秦朝短命而亡的原因之一。也正因如此，秦始皇的負面形象常出現在各類史料中。如賈誼在〈過秦論〉中就對秦始皇的行為進行了強烈批判。但西方人常把秦始皇與羅馬帝王凱薩相提並論。

不管秦始皇的爭議有多少，是非如何評判，但就他一生對中國歷史發展所做的貢獻來講，他不愧為「千古一帝」！

▎雄才大略漢武帝

漢武帝劉徹（西元前 156 － 前 87）是漢朝第六代皇帝，景帝的兒子。他在位 54 年，在位時間較長，但活的歲數不大。

漢武帝當皇帝的時候，漢朝還得每年向匈奴進貢，與匈奴和親。匈奴還占領了河套地區，並每年南下掠奪人口、財物。最可怕的是匈奴經常長驅直入，威脅漢朝的都城長安。

劉邦時期分封的諸侯國，景帝在位時就已有相當的實力，他們的領土占國家土地一半以上。如漢武帝的叔叔梁王出行，千乘萬騎，浩浩蕩蕩，很是威風，不亞於天子。

內憂外患條件下即位的漢武帝，面臨著巨大的挑戰。為了加強中央集權，他採取了一系列措施。

政治方面，在主父偃的建議下，他允許諸侯將封地分給子弟，建立更小的侯國。從此諸侯國越分越小。他還藉機一次性削去了當時半數的諸侯國。這樣，諸侯國再也沒有力量對抗中央，解決了長期困擾中央的諸侯國問題。

軍事方面，漢武帝派大將軍衛青、霍去病率軍出擊匈奴。經漠北一戰，收復了失地。從此，匈奴再也不能與西漢對抗，無力南下騷擾。

思想方面，他採納董仲舒的建議，「罷黜百家，獨尊儒術」，將儒家學說作為封建正統思想，加強思想統治。

文化方面，他在長安（今陝西西安）舉辦太學，推行儒家教育。他的尊儒興學堪稱是偉大的歷史創舉。

經濟方面，他推行財政改革政策，將地方的鹽鐵經營權和鑄幣權收歸中央，這大大增加了中央的財政收入。

民族關係方面，漢武帝派遣張騫出使西域，溝通了西漢與西域各國間的連繫，為西域各國歸漢和西漢疆域的拓展，打下了堅實的基礎。

對外關係方面，張騫出使西域後，開通了著名的「絲綢之路」。「絲綢之路」溝通了中外文明，加強了與中亞各國的連繫。

漢武帝統治時期，實現了國家的大一統，西漢進入鼎盛時期，中國封建社會出現了第一個高峰，這充分展示了漢武帝勇於開拓進取的雄才大略，是可稱道的。總之，漢武帝作為封建帝王，在其 50 多年的政治生涯中，有功也有過，但在中國歷史上是一位傑出的人物。

▌褒貶不一隋煬帝

隋煬帝（西元 569 － 618 年），即楊廣，隋朝的第二代皇帝，在位 14 年。

有人說，隋煬帝像秦始皇，做了許多對歷史影響較大的事情，是「千古一帝」。但他相較於秦始皇又有所遜色。秦

始皇是開國之君，建立了統一的多民族的封建國家，而隋煬帝卻是亡國之君，葬送了前代開闢的良好局面。雖然隋煬帝楊廣是一個荒淫的「富二代」，是個昏庸的亡國之君，但隋煬帝有兩件事情可以和秦始皇比，即開鑿了舉世聞名的大運河（又稱京杭大運河）和創辦了影響古今中外的科舉制。下面，我們主要來聊聊大運河。

大運河的開鑿，用了 10 年的時間；連接了五大水系；北達涿郡（今北京），南至餘杭（今浙江杭州），全長 2,000 多公里，是古代最長的運河，和長城一樣，是一項龐大的工程。

隋煬帝即位後，就下令開鑿運河。至於說原因，有人說為了加強南北交通，鞏固隋朝的統治；還有人說隋煬帝是專門為看揚州的瓊花而下令開鑿貫穿南北的大運河的。

我們再來看看科舉制。

魏晉以來，官員的選拔大多來自各地的高門權貴。高門子弟無論品行好與壞，能力強與弱，都可以做官。至於許多出身低的人，即使才華橫溢，也不可以到中央和地方做官。

為了改變這種選官弊端，隋朝的開國皇帝隋文帝就開始採用分科考試的辦法來選拔官員。隋煬帝時期正式設置進士科，考查參選者對時事的看法。按考試成績，從高分到低分依次選拔各級官員，無論是誰，一視同仁。這樣，門第不高的人，憑藉自己的才學本事就可以做官。

科舉制誕生後，不僅改善了以後各朝的用人制度，而且對以後的教育事業、唐詩的繁榮都有較大的影響。

科舉制自古至今對中國影響很大。科舉制影響著中國，也影響著世界。

▎虛心納諫唐太宗

唐太宗李世民（西元 599－649 年），名字取意「濟世安民」。

唐朝的第一位皇帝唐高祖李淵即位後，就封大兒子李建成為太子，二兒子李世民為秦王，四兒子李元吉為齊王。三人當中，當數李世民功勞最大。當年反隋朝晉陽起兵，是李世民的建議；在以後幾次關鍵戰鬥中，李世民立的戰功也最多。這些李建成都不如李世民，只因為他是高祖的大兒子，才取得太子的地位。

太子李建成知道自己的戰功與威信都比不上李世民，心裡既自卑又妒忌，就和弟弟齊王李元吉聯合，一起排擠李世民。經過長期的鬥爭，雙方的關係發展到大有你死我活的趨勢，最終導致了玄武門兵變。李世民殺死了自己的長兄太子李建成和四弟齊王李元吉，獲得了太子之位，不久又繼承皇位，即唐太宗，年號貞觀。

唐太宗參加過隋末農民戰爭，親眼看見隋朝是怎樣被百

姓推翻的。即位後，他常常總結反思，意識到百姓力量之大，明白「水能載舟，亦能覆舟」的道理。基於這樣的思想認識，在政治方面，他虛心納諫，厲行儉約，輕徭薄賦，使百姓休養生息，其統治出現了「貞觀之治」的大好局面。在民族關係方面，唐太宗實行開明的民族政策，各民族融洽相處，和同為一家，他被奉為各民族的「天可汗」（可汗是北方各族對君長的稱呼，天可汗就是各族共同的可汗）。對外關係方面，他實行開放的對外政策，唐朝在世界上享有很高的聲望，中國人在世界上被稱為「唐人」。他還非常重視人才的培養與選拔。他大大擴充國學的規模，擴建學舍，增加學員，完善了科舉制。用他自己的話說：「天下英雄，入吾彀（《ㄡ丶）中矣。」意思是天下有才之士，都被我網羅啦！他不僅開創了著名的「貞觀之治」，而且為後來唐朝全盛時期「開元盛世」的出現奠定了重要基礎。

唐太宗一生「功大過微，故業不墮」。他有個非常明顯的特點，就是善於納諫，這在古代帝王中是首屈一指的。我們不妨看個故事，從中體會唐太宗寬闊的胸懷。

有一次，唐太宗下詔書，打算把洛陽乾陽殿修飾一番作為行宮。這時，有一個叫張玄素的小官，在廳堂上痛批此舉欠妥。他說，秦始皇修了阿房宮，秦朝不久倒了；楚靈王修了章華臺，楚國散了；隋煬帝修了乾元殿，隋朝垮了。這些

歷史的教訓引人深思。今天陛下沒有繼承前代帝王的優點，反而繼承他們的缺點。若從這一點看，陛下的過失不亞於隋煬帝。張玄素竟敢把英明的唐太宗比作暴君隋煬帝，這還了得！所以，滿朝文武都為張玄素捏了一把汗，個個目瞪口呆，鴉雀無聲。可唐太宗並沒有責罰張玄素，反而下令召見他，表揚他，還賞給他 200 匹絹。唐太宗最終收回了諭旨，停止重修乾陽殿。對此事一直關注的魏徵，聽到了這個完滿的結局，頗為感慨地說：張公論事，大有回天之力，之所以有這個結果，這都得歸功於有高尚道德的君子呀！這就是「回天之力」的故事，這充分說明了唐太宗納諫如流。

▍一代女皇武則天

中國歷史上不乏女政治家，如秦宣太后芈八子，清朝的孝莊等，但能當上皇帝的，唯有武則天！

武則天是中國歷史上唯一的女皇帝，一生具有傳奇色彩，從小就表現不一般。當年唐太宗派人到武家宣詔，封武則天為才人，即刻進宮。她的母親楊氏聽完，萬般不捨，禁不住抱住十四歲的女兒失聲痛哭。武則天卻平靜地安慰母親說：「母親不必過分悲傷。在我看來，這不一定是件壞事呢。」母親楊氏聽女兒這樣說，十分驚愕。武則天接著說：「女兒此次進宮，只要事事留意觀察，處處小心謹慎，

好生伺候著皇上，肯定能博得皇上的歡心。到那時候，不但女兒會有享不盡的榮華富貴，還能光耀武家門庭，為母親爭光！」武則天慢條斯理地分析著，顯得非常自信。

武則天當了皇后之後，在生活上對高宗照顧得無微不至。唐高宗本就體弱，後來又得了風眩病。所以，他經常把朝中大事，交由武則天打理。武則天藉機重用許敬宗、李義府等人。然後，捏造罪名，處死了自己的反對派褚遂良、長孫無忌等老臣。這樣，她在朝中的支持者日益增多，政權實已落入她的掌控之中。

高宗李治即位後，每次高宗上朝，武則天都會垂簾聽政。垂簾聽政雖然有實權，但這不是武則天的理想。從幕後轉到幕前才是她的真實目的。唐高宗病死後，她所向披靡，一路向皇帝的寶座進軍：她把自己的親生兒子李弘、李賢、李顯、李旦一個個拉下馬，或者處死；追封自己的祖宗；將反對她的大臣降職或處死；將反對她的叛亂一一平息。西元690 年，武則天自稱「聖神皇帝」，改國號為「周」，成為中國歷史上唯一的女皇帝。

武則天當政期間，下功夫整頓吏治，辦法就是鼓勵告密。雖然被一些人鑽了空子，但有一定的效果。一個叫周興的酷吏，有人告發他謀反，武則天就派另一個酷吏來俊臣去審問他。來俊臣見到周興，問他：「犯人如果不招供，你有

好辦法嗎？」周興回答說：「這容易。準備一口大甕，用木炭架起來，在外面加熱，把犯人放進甕裡，不信犯人不招。」「好，太好了！」來俊臣誇獎著，立刻讓人抬來一口大甕，對周興說，「現在有人告你謀反，罪不可恕！我奉旨審問你，請你鑽到甕裡去吧！」周興聽後，嚇得連忙叩頭：「我招，我招！」這就是「請君入甕」故事的由來。

武則天愛惜人才，更善於選拔人才。駱賓王參加了反對武則天的叛軍，並寫了一篇檄文聲討她。武太后看了這篇罵她的文章很有文采，不但不生氣，還笑了笑說：「這文章寫得不錯呀，雖然有許多內容不是真的。這樣的人才不用，我們君臣為什麼要白白放過？要重用他。」她還破格提拔了許多有才之人，如後來的一代名臣姚崇等。

武則天還善於納諫。她身邊有一批能幹的文臣武將，武則天很信服他們的話。有一次，武則天想建造一座大佛像。狄仁傑知道以後，覲見女皇，娓娓道來：「現在一些佛寺，蓋得比宮殿還華麗；和尚尼姑們經常變著花樣勒索百姓，比有些官府還厲害。很多百姓辛辛苦苦幹了一年還吃不飽，最後索性不幹了，都去當和尚尼姑。這樣下去，幹活的人越來越少，吃白飯的和尚尼姑越來越多，對大周沒有什麼好處。殿下一向主張愛護百姓，建佛像的事，微臣建議就放棄吧。」武則天聽了，感動地說：「你說得對！建佛像的事，立刻停

下來吧！」

　　武則天繼唐太宗之後，大力提倡科舉。有一年，她將參加科舉考試的人集中到洛陽宮殿，親自出題面試。這是殿試的開始，也是現在面試的雛形。她還下令讓各州每年選拔武藝好的人，進行騎射摔跤等項目的考試，稱為「武舉」。武則天是武舉的創立者。

　　除此之外，武則天繼續推行太宗時期發展農業生產等政策，促進了社會經濟的飛速發展，使國力強盛，百姓安居樂業。人們將這一統治現狀稱為「政啟開元，治宏貞觀」。

　　西元 704 年，武則天得了重病。在大臣們的威逼下，她被迫傳位給太子李顯。李顯登基，恢復了國號「唐」。不久，這位時年 82 歲的女皇孤獨地死去。

▌毀譽參半唐玄宗

　　唐玄宗李隆基活了 77 歲，在位 44 年，是唐朝在位最久的皇帝。他的廟號「玄宗」，亦稱為「唐明皇」。前期年號「開元」，唐朝發展到歷史的頂峰；後期年號「天寶」，唐朝由盛而衰。

　　少年的唐玄宗多才多藝，儀表堂堂，胸有大志。在他 7 歲那年，朝堂舉行祭祀儀式時，金吾大將軍（掌管京城守衛的將軍）武懿宗大聲訓斥護衛。李隆基喝道：「這裡是我李

家的朝堂，與你何干！竟敢如此訓斥我家騎士護衛！」武則天得知十分驚訝，非但不責怪，還很欣賞這個不一般的孫兒。

成年的唐玄宗李隆基與太平公主聯手誅殺篡權的韋后。隨後又將太平公主賜死，並執掌朝政大權。

他開創的開元盛世是唐朝的極盛之世。唐玄宗前期任用了姚崇、宋璟、張說、張九齡等賢相。唐玄宗眼光精準，能夠根據時代需求來選拔賢才。

繼任用姚崇為宰相後，唐玄宗又看中了為人耿直的宋璟。宋璟直言上諫、不徇私情，延續姚崇時期的良好制度。一次吏部選拔考試時，宋璟的遠房叔叔宋元超作為考生對主考官說了其與宋璟的特殊關係，希望能予以照顧。宋璟得知後，非但沒有對他特別照顧，甚至還特地關照史部不得重用他。

唐玄宗注重發展經濟，愛惜民力。在他的統治下，社會經濟出現了一派生機勃勃的繁榮景象。詩人杜甫在〈憶昔〉中寫道：「憶昔開元全盛日，小邑猶藏萬家室。稻米流脂粟米白，公私倉廩俱豐實。九州道路無豺虎，遠行不勞吉日出。」反映的就是開元時期的景象。人們稱開元時期的統治為「開元盛世」。

另外，唐玄宗在勤儉節約方面也繼承了唐太宗的優良傳統，所以史書稱開元時期「貞觀之風，一時復振」。

　　西元 737 年，歷史出現了轉折。武惠妃病死，唐玄宗日夜寢食不安。聽說兒子李瑁的妃子楊玉環美貌無雙，就不顧倫理將她招進宮裡，她就是後來有名的楊貴妃。

　　楊貴妃懂音律，還擅長歌舞，也很聰明，很得唐玄宗歡心。為了讓她吃上新鮮的荔枝，唐玄宗特地下令開闢了從嶺南到京城的千里貢道，以便荔枝能及時運至長安。詩人杜牧在〈過華清宮〉一詩中所描寫的就是這件事情：「長安回望繡成堆，山頂千門次第開。一騎紅塵妃子笑，無人知是荔枝來。」唐玄宗後期寵愛楊貴妃，不思國事；寵信李林甫、楊國忠等奸臣，最後發生了「安史之亂」，為唐朝衰落埋下伏筆。

　　西元 755 年，身兼三地節度使的安祿山趁唐朝內部空虛政治腐敗，以「憂國之危」為名發動叛亂，一年後占領長安。長安陷落前，唐玄宗出逃至馬嵬坡（陝西興平西），隨行將士發生譁變，誅殺楊國忠，又逼迫唐玄宗縊死楊貴妃，唐玄宗無奈照辦。這就是馬嵬坡之變。晚年的唐玄宗憂鬱寡歡，於 762 年駕崩。

黃袍加身宋太祖

　　宋太祖就是趙匡胤（西元 927 － 976 年），宋朝開國皇帝，在位 16 年。

有些人，連同筆者認為中國古代有五位傑出的政治家：秦始皇、漢武帝、唐太宗、宋太祖、成吉思汗，他們是在中國古代有所作為的封建帝王。其中，宋太祖能夠和秦始皇等比肩，主要是結束了五代十國的分裂局面，開創一個長達數百年的朝代。這是宋太祖對歷史最大的貢獻！宋太祖趙匡胤之所以能夠稱得上一代名帝，除了其偉大功績外，他的人格魅力和統治方法也被史上一些人稱道。

宋太祖像

趙匡胤之所以為人稱道，主要原因是：

黃袍加身

「江山代有才人出，各領風騷數百年」。從「安史之亂」到陳橋驛兵變的二百年間，中原廣大地區藩鎮割據，戰亂不休，朝代更替頻繁，經濟凋敝，一片荒涼，人民飽嘗了戰亂的苦難。所以，結束戰亂，休養生息，安居樂業，是人心所向。後周名將趙匡胤，英勇善戰，軍功卓著，深受將士們的擁護。西元 960 年，趙匡胤率兵北征，抵禦北遼，走到陳橋

驛（今河南新鄉）休息。這時，其手下將士將一件黃袍披在他身上，跪地坐拜，高呼「萬歲」，擁立他做皇帝，史稱「陳橋兵變」、「黃袍加身」。趙匡胤就這樣神奇地兵不血刃地做了皇帝，國號為宋，以開封為都城，史稱北宋。

杯酒釋兵權

趙匡胤雖已即位，但不敢高枕無憂。這次兵變，讓他深刻地認識到，在廢帝、改朝等方面，武將們起著很大的作用。為了防患於未然，趙匡胤就導演了一出「杯酒釋兵權」的喜劇。有一次趙匡胤請石守信等幾個兵權在握的老將喝酒。酒喝到最暢快的時候，趙匡胤開口道：「要不是你們大力相助，我絕不會有今天，感謝諸位愛卿。可當了皇帝後，卻總覺得不如以前快樂，從來就沒睡過安穩覺！」石守信等人忙問：「大事已定，誰還敢有二心，陛下為什麼這麼說？」趙匡胤答道：「人誰不想富貴？如果有一天，你們的部下貪圖富貴，也把黃袍加在你們身上，能由得了你們？誰不想做皇帝。」石守信等人方才明白話中意，都恐慌跪下，謝罪說：「我們太愚笨了，不曾想到這件事，請陛下給我們指條路。」趙匡胤說：「人生苦短，你們不如多積攢金銀財寶，回家享受人生。我們君臣之間，也不用相互猜忌，你們也能安享晚年，有個美好的結局，多好！」石守信等人只能說：「陛下替我們想得太周到了，我們真是死而復生！」第二天，

石守信等人都稱病辭職，交出兵權，趙匡胤全都答應，從而解除了朝中大將的兵權。杯酒釋兵權，徹底改變了五代以來武將權力過大，導致經常改朝換代的局面。後來，趙匡胤又陸續將地方的財權、軍權、政權收歸中央，大大加強了中央集權。

趙匡胤利用美酒輕鬆而巧妙地解決了大將專軍權的難題，為後人所稱道。這與漢高祖和明太祖當皇帝後，大肆殺戮功臣的行為比較，高明多了，是寬和、圓融的典範。而陳橋兵變，兵不血刃地登上皇位，也沒有對後周皇室大加誅殺！

趙匡胤雖然沒有完成統一全國大業，但他是個睿智的明君。

▎一代天驕成吉思汗

成吉思汗，名鐵木真，在位 21 年。成吉思汗是蒙古族對他的尊稱，成吉思，意為「四海」或「強大」；汗，是古代蒙古族對君主的稱呼。

成吉思汗像

12 世紀的蒙古高原上，各部落之間混戰不已。困苦的鐵木真就出生在這個動亂的年代。其母月倫領著鐵木真兄弟幾人度過數年艱難生活。少年時期的特殊經歷，讓鐵木真養成了堅毅勇敢的品質。同時，他還遺傳了父親在軍事政治等方面的基因。成年後的鐵木真在與其他部落的戰爭中，憑著非凡的智慧，漸漸擺脫了從屬地位。透過多年的征戰，他成為蒙古草原最大的統治者，統一了蒙古草原，建立了蒙古國。

成吉思汗建立蒙古國之後，率領他的兒子們開始了西征的偉大征程，建立了四大汗國，分別是欽察汗國（也稱金帳汗國）、察合臺汗國、窩闊臺汗國和伊爾汗國。

欽察汗國，成吉思汗長子術赤的封地，主要轄區是東起額爾齊斯河，西至多瑙河，南至高加索山的地區。

察合臺汗國，成吉思汗次子察合臺封地，主要轄區在天山南北。

窩闊臺汗國，成吉思汗第三子窩闊臺的封地，主要轄區是額爾齊斯河上游和巴爾喀什湖以東地區。

伊爾汗國，又稱伊利汗國，成吉思汗孫子旭烈兀於西征後建立，是西臨地中海，東濱阿姆河，北界裡海、黑海、高加索，南至波斯灣的大國。

透過西征，成吉思汗和他的子孫後代建立了橫跨歐亞大陸的強大帝國，總面積達三千萬平方公里，相當於 3 個蘇聯

的面積。這個帝國的建立，打通了東西方閉塞的通道，使東西方經濟等出現了大交流，促進了世界的大發展。

成吉思汗一生的活動，足跡踏遍蒙古、中國，乃至歐亞。成吉思汗是蒙古的民族英雄，是中華民族的偉人，也是世界的巨人！數風流人物，還是一代天驕！

「我一旦得到賢士和能人，就讓他們緊隨我，不讓他們遠去」，這說明他善於招才納賢。「裝得下，世界就是你的。」由此人們看出他的心胸有多開闊。

軍事家說，他是戰神；政治家說，他是世界皇帝。的確，成吉思汗，秦皇漢武無法比肩；成吉思汗，亞歷山大、拿破崙無法匹敵；成吉思汗，業績前無古人，後無來者。

▎首創行省元世祖

元世祖忽必烈，成吉思汗的孫子，元朝的開國皇帝，在位 34 年。

忽必烈繼汗位的時候，蒙古軍隊已經滅掉了西夏和金，對南宋形成包圍之勢。西元 1271 年，忽必烈改國號為元，定都大都（今北京），廟號元世祖。1276 年，元滅南宋。1279年，元世祖統一全國，結束了遼宋時期幾百年的分裂局面。元朝是中國歷史上第一個由少數民族統治全國的王朝，中國疆域的規模由此初步奠定。

　　元世祖特別重視農業，這對於一個少數民族首領來說，很可貴，也很難得。他屢次下令禁止蒙古貴族為了開拓牧場而圈占農田；他下令治理黃河，興修水利工程；他還推廣種植棉花的技術。這些做法使北方的農業得以恢復發展。

　　元世祖還開運河，辟海運。南宋時期，中國經濟重心南移完畢。為了便利南糧北運，元世祖下令在隋朝運河的基礎上，開闢兩段新運河（山東境內東平到臨清的會通河；河北境內通州到大都的通惠河），後來又把隋朝運河截彎取直，使糧船可以從杭州直達大都。他還開闢了從劉家港（今江蘇太倉）出發到大都規模空前的運河，真正解決了糧食運輸的問題。

　　元世祖設行省，統轄全國。元朝的疆域空前遼闊。為了加強對全國的統治，元世祖實行了行省制度，在中央設中書省，在地方設行省。所以，中國省級行政區的設立始於元朝，影響至今。

　　元世祖設機構，管西藏。他在位期間，特設宣政院，專掌全國佛教事務和藏族地區軍政事務。自此，西藏成為元朝的正式行政區域。

▌加強君權明太祖

朱元璋是明朝的開國皇帝。他原名朱重八，因出生於八月初八而得名。他是繼漢高帝劉邦以來第二位平民出身的君主。朱元璋出生在一個普通農民的家庭。他放過牛，因為瘟疫、饑餓等原因，還出家當過和尚，後來參加了農民起義軍。他在位期間樹立了明朝君權至上的典型。廷杖大臣、廢丞相、設錦衣衛、大殺功臣等是他的傑作。關於朱元璋的傳說甚多，他是中國歷史上最富傳奇也最具爭議的皇帝之一。

明初，朱元璋開始改革，廢除元朝的行省制，重點是廢除丞相制。丞相制是大名鼎鼎的秦始皇創立的，後代各個皇帝均採用，可朱元璋為什麼要廢除它呢？丞相一人之下，萬人之上，位高權重，這極大地威脅到了朱元璋的皇權。當時的丞相是胡惟庸，他的勢力很大，相權與皇權出現了矛盾。而且胡惟庸日益驕橫，懈怠政事。有一次，丞相胡惟庸稱其舊宅井裡湧出有祥瑞之兆的醴泉，邀請朱元璋前來觀賞。朱元璋好奇前往，走到西華門時，太監不敢繼續往前走，驚恐得說不出話來，只好拚命指向胡家示意朱元璋。朱元璋意識到事態嚴重，立即返回宮城。他登高遠望，只見胡惟庸家牆道都藏有士兵。朱元璋大怒，以「枉法誣賢」等罪名，當即處死了胡惟庸。同時，開國功臣李善長等元勳皆受株連，30,000 餘人致死，歷史上稱之為「胡惟庸案」。接著朱元璋

就廢除了丞相這個職位，結束了中國自秦朝以來實行了 1,000 多年的丞相制度。清除了權臣之後，全國的軍政大權都集中到了皇帝手裡。

朱元璋授權侍衛親軍建立錦衣衛，對臣民進行監察。錦衣衛由皇帝直接掌握，不受法律的約束，成為特務機構。明朝特務的足跡，遍布京城內外，無孔不入。

廷杖是明朝朝堂上的慣用刑罰。廷杖就是皇帝在朝堂或在宮門對大臣予以杖責。封建時代，皇帝具有至高無上的權威，他對大臣，就如對待兒子，稍不如意，就隨時行杖打人。廷杖在前代也有，但在明代，廷杖成為慣例，其次數之多，手段之狠，為歷史罕見。被廷杖的朝臣受刑的慘狀，實在觸目驚心。

朱元璋從一個放牛娃成長為封建帝王，與他個人的素養和努力分不開，與和他一起打天下的開國元勳更分不開。可是他和劉邦一樣，在治理天下的時候，卻大肆殺戮幫助他打天下的大臣。明代開國功臣中，除了湯和等寥寥幾人倖免於難，大多數人都不得善終。常遇春是個例外，病故早亡，躲過一劫。這不能不說是朱元璋的悲哀。

遷都北京明成祖

明成祖朱棣，明朝的第三代皇帝，年號永樂。

明成祖很像唐太宗，二人都是透過政變而當上皇帝的；當皇帝後，二人都努力作為，成為中國歷史上著名的政治家。

明太祖朱元璋做皇帝後，法傚劉邦，把兒孫分封到各地做藩王，藉以維護明朝江山。第二代皇帝建文帝（明太祖的孫子）看到藩王勢力日益膨脹，威脅了自己的統治，下令削藩。他先削那些力量較小的藩王，之後，又把矛頭指向了明太祖第四子燕王朱棣。在這種情況下，燕王朱棣就打出「靖難」（平定禍難）的旗號，起兵反對建文帝，史稱「靖難之役」，又稱「靖難之變」。靖難之變以朱棣的勝利告終。

明成祖當上皇帝做的第一件事就是遷都北京。其實，早在明太祖的時候，就有遷都的打算。靖難之役後，有的大臣上書，說北平有龍興之勢，立北平作都城最好。明成祖快馬加鞭，改北平為北京，大力擢升北京的地位；同時遷居人民並委派官員以充實北京；後又下詔興建北京皇宮和城垣（現在的北京故宮）；在北京附近修建長陵，將自己的陵墓修在北京而不是南京，以此證明遷都的決心。西元 1421 年，為了加強中央對北方的控制，明太祖遷都北京。

此外，明成祖在強化君權方面學習他的父親朱元璋，很具功力，採取了一系列措施，如增設特務機構東廠，使君主

專制高度強化。另外繼續實行削藩政策,加強中央集權。

　　還有一個大事也是明成祖做的。為了加強同海外各國的連繫,明成祖派鄭和下西洋,前後 7 次,到達亞非 30 多個國家和地區,最遠到達紅海沿岸和非洲東海岸,這比歐洲新航路的開闢早了半個多世紀。鄭和下西洋促進了中國和亞非各國的經濟交流,增進了各國人民的友誼。

　　明成祖還善於文化的整理與傳播。他統治年間,下令編撰百科全書式的文獻集《永樂大典》,這一古代文化寶庫彙集了古今圖書 7、8,000 種。

　　靖難之役、遷都北京、強化君權、派鄭和下西洋、編纂圖書是明成祖的五大標籤。他是中國古代一位有作為的皇帝。

▌盛世大帝康熙帝

　　清聖祖,年號康熙,名字玄燁,在位 61 年,是中國在位時間最長的皇帝。他是清軍入關後的第二位皇帝,即位時才 8 歲,14 歲親政。他統治時期,是清朝發展最快的一段時期。

　　康熙帝一生多有作為:除鰲拜,掌握實權;平三藩,鞏固統一;反擊侵略,劃定邊界;冊封班禪,管理西藏;興文字獄,控制思想。康熙對數學、天文、曆法、物理、生物、外語、工程技術等自然科學,無一不懂。

　　這裡介紹康熙大帝的兩件作為。

- **反擊侵略，劃定邊界**：17 世紀中期，沙俄勢力侵擾中國黑龍江流域。幾次交涉未果後，康熙帝御駕親征，兩次在雅克薩與沙俄侵略者進行戰鬥，使沙俄被迫同意透過談判解決兩國邊界問題。西元 1689 年，《尼布楚條約》簽訂，劃定中俄邊界。

- **興文字獄，控制思想**：和中國歷史上的其他皇帝一樣，康熙帝不是沒有瑕疵的，大興文字獄就是他的一大敗筆。為了強化君主集權，康熙帝從思想領域嚴密控制知識分子，從其詩詞文章中摘取字句，羅織成罪，人們稱這種做法為「文字獄」。後來的雍正帝、乾隆帝繼續實行文字獄，而且更加惡劣。這造成了社會恐慌，嚴重阻礙了社會的發展。

清朝 12 位皇帝，康熙帝是第 4 帝，是入關後的第 2 帝，他的所作所為為康乾盛世的出現奠定了雄厚的基礎。

康熙帝像

▎承上啟下雍正帝

雍正帝，廟號清世宗，名字愛新覺羅‧胤禛（ㄧㄣˋ　ㄓㄣ）。他是清朝第 5 位皇帝，入關後第 3 位皇帝，清聖祖康熙帝第 4 子，西元 1722 年至 1735 年在位，年號雍正。

雍正帝像

雍正在位時期一系列鐵腕改革政策，對康乾盛世的出現起了關鍵性作用。

青年時期的雍正善於治國，懂得韜光養晦，謙稱為「天下第一閒人」。他與兄弟和睦相處；與年羹堯和隆科多等軍政大臣交往密切；對父親康熙帝誠孝，曾經畫西藏於版圖，贏得康熙帝的信賴。

康熙六十一年（西元 1722 年），康熙帝病逝，胤禛繼承了皇位，次年改年號雍正。

　　設軍機處是雍正帝的大手筆。為了加強皇權，順治帝、康熙帝都嘗試過此舉，但並未解決根本問題。雍正7年，設置軍機房，選拔內閣中嚴謹的人入軍機處，做輔佐皇帝處理政務的軍機大臣。軍機大臣由皇帝親選，直接聽命於皇帝，並在皇帝的監督下進行相關活動，嚴格執行皇帝的意圖，不得表達自己的見解。可見，軍機處利於君主的專制獨裁，所以軍機處設立後，便被皇帝嚴格把控，其職權也越來越大。雍正帝是真正的集權力於一身，總攬天下事務。其權力與大搞君主權力於一身的明太祖是沒法比擬的，更是其他帝王沒法與之相比的。軍機處的設立是清代中樞機構的重大變革，標誌著清代君主集權發展到了頂點。

清朝軍機處圖

　　祕密立儲是雍正帝的獨到之處。康熙帝一生功績卓著，所做事情大都功成名就，但在立儲方面不盡如人意。鑑於康

熙預立太子失誤一事，雍正帝於雍正元年宣布密建儲位法，即將雍正御筆〈夏日泛舟詩軸〉與寫好的繼承人弘曆的名字，一起放入匣中，並將其放置於乾清宮「正大光明」匾後，他駕崩後由專人取出宣讀。另外又擬密旨藏於內府，以備核對。這一立儲方法，避免了皇子為奪帝位而引起的爭端，防止了親兄弟之間流血事件的發生，所以後世幾代都效仿，也使皇位繼承辦法制度化、規範化。

有人這樣概括康熙、雍正的統治風格：「聖祖政尚寬仁，世宗以嚴明繼之」。雍正即位之初寫的一副對聯「唯以一人治天下，豈為天下奉一人」，就是對他君權至上思想的表露，是他真正的為君之道。

歷史學家楊珍評價：雍正帝在位雖然只有 13 年，但他透過一系列大力改革，迅速扭轉了康熙晚年沉痾、積弊的社會局面，為康乾盛世進入鼎盛時期奠定了基礎，並使社會政治、經濟、文化達到巔峰狀態。從康熙到乾隆的百年歷史中，雍正帝起著承前啟後的作用。他在位時間雖短，但建樹政績並不遜色於其他歷史名君。

清朝乾清宮圖

▌康乾盛世在乾隆

乾隆帝，愛新覺羅‧弘曆，是雍正帝第 4 子，清朝第 6 位皇帝。乾隆享年 88 歲，在位 60 年，外加退位後做太上皇的三年，實際掌權時間長達 63 年，是中國歷史上年壽最高、執政時間最長的皇帝。

乾隆帝像

乾隆帝弘曆自幼聰明伶俐，5 歲開始正式跟師傅學習，
經常出口成章。據說康熙帝在雍親王（後來的雍正帝）府第
一次見到孫子弘曆，一下子就喜愛上了當時才 10 歲的弘曆，
特令養育在宮中，並親授書課，這一待遇是非常少見的。

　　乾隆帝對文化事業的重視和功績在清朝的皇帝中是首屈
一指的。

　　乾隆統治期間，各種官修書籍達 100 餘種。順治帝年間
開始編撰的《明史》和康熙時就下令開始編寫的《大清一統
志》，以及《續文獻通考》、《皇朝文獻通考》、《大清會
典》等歷史、制度方面的書籍得以編撰完成；除此之外，文
字音韻、文學、地理、農學、醫學、天文曆法等方面的書籍
也都有涉及。其中，成就最大的是乾隆親自倡導並編成了大
型文獻叢書《四庫全書》。此書共收錄古籍 3,503 種， 79,337
卷，裝訂成 36,000 餘冊，保存了大量古典文獻，既是中國古
代最大的一部官修書，也是中國古代最大的一部叢書。

　　乾隆帝為鞏固多民族國家的發展做出了貢獻。乾隆時
期，維吾爾族上層貴族大小和卓發動反清叛亂，並建立割據
政權。他們姦淫擄掠，激起人民的強烈不滿。針對這一局
面，乾隆帝下令調兵討伐。清軍在維吾爾等族人民的支持下
平定了大小和卓分裂國家的叛亂。然後，設置伊犁將軍，管
轄包括巴爾喀什湖在內的整個新疆地區。乾隆帝還妥善安置

了反對沙俄民族壓迫，毅然回國的土爾扈特部。

　　乾隆帝 6 次下江南也為人們所稱道。乾隆下江南之舉是效仿康熙，其目的之一是為了了解民情，獲得統治的第一手資料。其二是為了加強清朝政權與江南地主士紳的連繫。江南經濟發達，大清帝國財源多來於此。為了鞏固統治，康、乾兩帝都以下江南的形式來加強與江南地主士紳的連繫。其三是為了河工（水利工程）。康熙時期主要治理黃河。乾隆時除了視察黃河大壩，還視察江南的其他水利工程。乾隆帝說：「南巡之事，莫大於河工。」不可否認的是，乾隆下江南之舉，和康熙相比，其遊樂成分很大。康熙帝 6 次南巡都是輕車簡從，而乾隆帝則是前呼後擁，張燈結綵。南巡沿途官員們進獻山珍海味，還要從全國各地運來許多特色飲食，比如所飲用的泉水，就是從北京、濟南等地遠道運送過去的。

乾隆帝下江南圖

「文字獄」在乾隆時期愈演愈烈。為加強思想統治，乾隆帝大搞文字獄，製造文字獄多達 130 樁，占整個清朝文字獄總數的 80%，其中 47 樁案例中的案犯被處死刑。胡中藻〈堅磨生詩抄〉案就是發生在乾隆時期的文字獄大案。

廣州十三行圖

乾隆帝時期的閉關鎖國政策導致清王朝日漸衰微。明朝太祖年間，嚴格禁止人民「與外洋番人貿易」。這種政策，當時稱為「海禁」。乾隆前期，清政府又加強限制對外貿易，下令關閉除廣州以外的其他通商口岸，並且實行嚴格約束外國商人的條例和章程，這便是所謂的「閉關鎖國」政策。乾隆帝致英國國王喬治三世信函中有這樣一句話：「天朝物產豐盛，無所不有，原不借外夷貨物以通有無。」這句話的意思是，大清帝國物產豐富，什麼都有，根本不需要借助你們的貨物來交易。可見，乾隆帝思想頑固落後，有夜郎自大的心態。歷史證明，閉關鎖國政策嚴重阻礙了中國與世界各地的溝通，和向世界各國學習先進文化和科學技術的進步，這是造成中國社會落後挨打的總根源。

第三章　制度之窗

▌禪讓制

什麼是禪讓制：堯年老時，徵求各部落首領的意見，推舉舜做他的繼承人。舜年老後，採取同樣的辦法把職位讓給治水有功的禹。這種推選部落聯盟首領的辦法，叫做禪讓制。這說明那個時期，部落之間聯合的趨勢愈加明顯，各部落不再透過戰爭的方式來奪取部落首領，維持了相對的和平。又說明推舉繼承人的基本原則是選賢任能，比較公平。還說明禪讓制所謂的民主，只是部落首領之間的民主，而不是部落成員之間的民主。

綜上所述，禪讓制是以賢能為標準，在相對民主的前提下，選拔部落聯盟首領的辦法。這是原始社會向奴隸社會過渡的信號。啟繼承了禹的王位，意味著禪讓制的終結。

古代希臘雅典的民主政治雖然透明、公平，但時間遠遠落後於中國。

禪讓制具有民選部落首領的色彩。這是古人的智慧與光榮，幾千年來都受到好評和推崇，孔子就把禪讓制稱為「大道」。

當今社會，我們學習、理解、應用禪讓制，有利於國家吏治的清明，有利於選拔有才能的人來治理國家。用人要發揚民主、公平選舉，任人唯賢是當今社會發展的需求，可以在一定程度上避免裙帶關係盤根錯節的亂象。

▎世襲制

　　世襲制就是指帝王世世代代沿襲的一種制度。帝王位、爵位、土地、土地上的一切財產，都可以沿襲。這一制度以「家天下」為準則，以血緣為紐帶，以嫡長子繼承制為前提。通常有父死子繼和兄終弟繼兩種方式，奴隸社會、封建社會都實行這樣一種制度。世襲制開始於奴隸制的夏朝，始作俑者是夏啟，結束於封建制的清朝。

　　王位世襲制的實行，帶來許多弊病。首先，傳子不傳賢，任人唯親，極端專制集權，腐化墮落等，不利於統治基礎的擴大，當然也不利於社會的安定與發展。其次，不可避免地會發生爭權奪利。縱觀兩千多年的封建社會，爭奪帝位、王位的事件數不勝數，子殺父、弟殺兄的情況屢見不鮮。次者，王位世襲制易導致繼位者腐化墮落。這是因為透過王位世襲制得來的王位（帝位）相對而言較容易，繼位者繼位之後，不知珍惜，大多不會勵精圖治，反而抓緊時間享受，爭分奪秒地揮霍。

　　隋唐時期建立和完善的科舉制，作為一項競爭擇優的考試選官制度，使得選官世襲制在唐宋時期受到遏制，卻不能從根本上根除世襲制這一頑疾。所以世襲制是中國社會長期動亂不止和腐敗蔓延的最主要原因，它到清末消亡，也是歷史發展與進步的必然。

宗法制

宗法制度在夏朝確立，在商朝進一步發展，到周朝得以完備。後來的各封建王朝均對這一制度進行繼承並使用，逐漸建立了由政權、族權、神權、夫權組成的影響巨大的封建宗法制。按照周代的宗法制度，宗族中分為大宗和小宗。周王自稱天子，為天下的大宗。天子的兒子除嫡長子以外，其他兒子被封為諸侯。對天子而言諸侯是小宗，在他的封國內卻是大宗。諸侯的兒子除嫡長子外，其他兒子被分封為卿大夫。對諸侯而言卿大夫是小宗，在他的采邑內卻是大宗。從卿大夫到士以此類推。貴族的嫡長子總是不同等級的大宗（宗子）。大宗不僅享有對宗族成員的統治權，而且享有政治上的特權。由此可見，宗法制的核心是嫡長子繼承制。宗法制度是王族貴族按血緣關係分配國家權力，以便建立世襲統治的一種制度。其特點是宗族組織和國家組織合二為一，宗法等級和政治等級完全一致，與分封制是裡與表的關係。

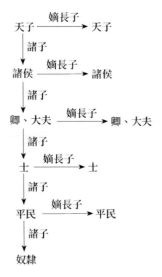

宗法制的嫡長子繼承制示意圖

▍分封制（分土封侯制）

西周是中國奴隸社會的鼎盛時期。其統治者為了加強統治、開發邊遠地區而實行了分封制。

周王把土地、平民、奴隸分給同姓王室貴族、異姓功臣貴族、先代帝王後裔和邊遠氏族部落首領，封他們到各地做諸侯，這就是分封制。諸侯必須服從周王的命令，向周天子盡義務，交納貢品，鎮守疆土，戰時帶兵隨從周王作戰。另外，還可以逐層封授。諸侯可以在自己的封疆內對卿大夫實行再分封，卿大夫又可以對士實行再分封。據說，西周時期總計分封了 71 個諸侯國，其中兄弟之國 15 個，同姓之國 40 餘個。

西周時期，周王處於至高無上的地位，是最高統治者。分封制加強了人們天下共主的觀念；大大擴展了華夏民族的統治地域，開發了邊疆，捍衛了中央。可是到了春秋時期，周王的荒誕，諸侯國實力的強大，使分封制遭到破壞；到秦朝時候，地方上開始實行郡縣制，完全取代了分封制。當然，自秦朝以後，分封制並沒有完全絕跡，一些朝代如西漢、明朝，都實行過郡縣制與分封制並存的制度。這種歷史的倒退，受到了應有的懲罰，漢、明兩朝都無一例外地發生了諸侯王的叛亂，直接威脅到中央集權統治甚至國家的安定統一。所以歷代統治者不斷從歷史上的諸侯叛亂中吸取教

訓，認知到不能分權。只有集權才能保證國家的統一和穩定，尤其是對於疆域遼闊的國家。

今天，我們仍然能看到分封制的痕跡。如山東的簡稱是魯，山東又叫「齊魯」；山西的簡稱是晉等，這都源於分封制。

▌郡縣制

郡縣制是一種地方行政制度，是秦始皇建立的專制主義中央集權制在地方政權上的體現。郡縣制規定，國君直接任免郡守和縣令，職位不得世襲；郡守和縣令秉承國君的意旨行事，遵照國家的法令，代表中央對地方行使職權。

郡縣制在春秋時期就確立了，戰國末期各諸侯國設置比較普遍，秦朝時在全國推行。

因為郡縣制符合專制皇權和國家統一的需求，所以得到了秦始皇的認可。他將全國分為 36 郡。後來隨著郡治的調整以及邊境的不斷開發，增至 40 餘郡。

郡，是由中央政府管轄的地方行政單位，其組織機構與中央政府略同，設郡守、郡尉、郡監。郡以下設縣或道。內地設縣，邊地少數民族地區設道。縣是秦朝統治機構中關鍵的一級組織，是從中央到地方政府機構中具有相對獨立性的一級單位。

郡縣制的郡縣與分封制的諸侯國一樣，都是地方行政單位。但不同的是諸侯國的諸侯是世襲的，而郡縣制的長官是皇帝直接任命的。

郡縣制的設置，有利於多民族國家的鞏固與發展，所以能長期存在；其影響很大，至今中國地方還有縣級行政單位。

專制主義中央集權制度

專制主義中央集權制是中國封建社會賴以生存發展的政治支柱，是中國古代政治制度的核心。其內容包括三層意思：

- 最高統治者，稱皇帝，至高無上，總攬全國的政治、經濟、軍事等權力於一身。
- 中央政府，設丞相、太尉、御史大夫，分管行政、軍事、監察，最後裁斷權歸皇帝所有。
- 地方，實行郡縣制，郡下設縣，郡守、縣令都由皇帝直接任命。

專制主義中央集權制可以從兩個方面來理解：

專制主義，對立面是民主，指一個人或少數幾個人獨裁的政權組織形式。它從決策到行使都具有獨斷性和隨意性。主要特徵是皇帝對國家事務具有專斷獨裁的特權。

中央集權，是相對於地方分權而言。其特點是地方政府必須嚴格服從中央政府的命令，受制於中央，在政治、經濟、軍事方面沒有獨立性。

專制主義中央集權制自秦朝確立，以後歷代統治者不遺餘力地鞏固、完善和發展它，但萬變不離其宗。

專制主義中央集權制用右面的圖來表達，再明白不過了。

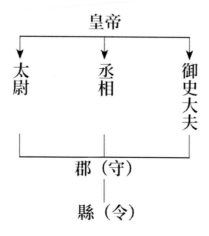

專制主義中央集權制示意圖

▋九品中正制

九品中正制，又稱九品官人法，由中央特定官員，按出身、品德等考核民間人才，分為九品錄用。九品中正制是魏晉南北朝時期重要的選官制度，始於曹魏，完備於西晉，變

化於南北朝，廢除於隋唐，在中國古代政治制度史上占有十分重要的地位，存在 400 年之久。

這一制度分三步進行。

首先設置中正。這是九品中正制的關鍵環節。中正，即中正官，職權主要是評議人物，掌管對某一地區人物進行品評。

其次品第人物。這是中正官的主要職責。中正按照家世、道德、才能這三個標準進行。然後再「行狀」，即個人品行才能的總評，相當於品德評語。

再次確定品級。所評定的等級，共分為上上、上中、上下、中上、中中、中下、下上、下中、下下九品。定品原則上依據的是行狀，家世只作參考。但晉以後完全以家世來定品級。於是就形成了當時「上品無寒門，下品無士族」的局面。

這種選官制度，埋沒了人才，不利於社會的發展進步。

三省六部制

秦始皇統一全國後，中央政府設丞相、太尉、御史大夫，分別管理行政、軍事和監察。其中，丞相權力很大，是一人之下、萬人之上的職位。西漢時期，為了限制丞相的權力，開始嘗試在中央機構設立三省六部制，到隋朝時正式確

立，唐朝進一步完善。三省是中書、門下、尚書。中書決策，門下審核，尚書執行，為中央最高中樞政務機構。其長官中書令、門下侍中、尚書令共分宰相之權。六部指尚書省下屬的吏部、戶部、禮部、兵部、刑部、工部，分掌各方面的政務及政令的貫徹執行，對地方機構有領導、監督之權。三省六部制用圖表示如下：

　　三省六部制的實行，使三省之間既相互牽制，又各自獨立，互為補充，職責明確，提高了各部門的辦事效率。同時，相權被分割，避免權臣專權現象的發生，有利於加強皇權。

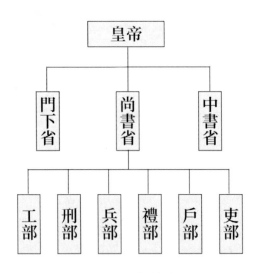

唐朝的三省六部制

▍科舉制

　　科舉制是透過考試選拔官吏的制度。科舉制從隋朝開始，到清朝（西元 1905 年）廢除，經歷了 1,300 多年。

　　科舉制經歷了這樣的發展過程。

　　隋朝創立。隋煬帝時正式設置進士科，考核參選者對時事的看法，按考試成績的前後進行錄用。這標誌著科舉制的正式誕生。

　　唐朝完善。唐朝常設的科目很多，以明經（考時務策與經義）、進士（進士考時務策和詩賦、文章）兩科最重要。唐太宗、武則天、唐玄宗是創立和完善科舉的關鍵人物。唐太宗重視人才的選拔和培養，他即位後，擴大了國學（國子監，是當時的最高學府）的規模。武則天也大力提倡科舉，設殿試（皇帝對參考者進行面試）和武舉（武藝）。唐玄宗時期，詩賦成為進士科主要的考試內容。

　　科舉制透過進一步完善，改善了用人制度，擴大統治基礎，使一些有才華的一般人有機會進入各級政府任職。

　　明清演變。明朝時期，實行八股取士的科舉制度，規定考試只許在「四書」「五經」範圍內命題，考生不得發揮自己的見解，只能根據指定的觀點答題。答卷的文體，必須分成八個部分，稱為「八股文」。這樣錄取的人，只會埋頭讀書，不講求實際學問。清朝時，在康熙、雍正、乾隆三朝，

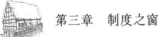

經常從知識分子的詩詞文章中摘取隻言片語，加以歪曲理解，羅織罪狀，製造了大批冤獄，人們稱這種做法為「文字獄」。這造成了社會的恐慌，禁錮了思想，嚴重阻礙了中國社會的發展與進步。

清末廢除。隨著西方思想文化的傳入和洋務運動的影響，西元 1905 年，科舉制被廢除。

英國大百科全書中說：「我們所知道的最早的考試制度，是中國所採用的選舉制度，乃其定期舉行的考試。」孫中山也曾經說過：「現在各國的考試制度，差不多都是學英國的。窮流溯源，英國的考試制度原來還是從我們中國學過去的。所以中國的考試制度就是世界上最古最好的選拔真才的制度。」可見，中國古代的科舉制對世界的貢獻。另外，現在實行的公務人員高普考制度，就是科舉制度的延伸發展。

▎行省制

元朝的疆域是歷代最遼闊的。為了對全國實行有效統治，元世祖在中央設中書省，地方設行中書省，簡稱行省，這就是行省制度。自此，地方政治制度進入了劃省而治的時期。這一制度的設置，開始於元朝，明朝時候廢除，清朝時候又設置，直到如今。

　　行省制的設置，達到了鞏固統治的目的，同時也對後世的政治制度尤其是地方行政區劃產生了深遠的影響。

　　作為地方最高一級的政府機構，行省統領一方事務，既為中央收權，又替地方留有部分權力；對上要負責，對下有交代，承上啟下，是彼此的橋梁。

　　行省制的確立，在政治方面鞏固了國家統一，使中央集權在行政體制方面得到保證。這是中國行政制度的一大變革，對後世也有很大影響。

第三章　制度之窗

第四章　歷史故事

▎姜太公釣魚

歇後語「姜太公釣魚——願者上鉤」有好多人都知道，但姜太公的名字有一大堆，你可能就不大清楚了。太公姓姜名尚，所以他叫姜尚；字子牙，又名姜子牙；呂是姜子牙祖先的封地，再名呂尚；周文王的父親太公季歷在位的時候，就嚮往著姜尚這樣的大賢人，所以人們尊稱姜尚為「太公望」；後來人們乾脆把「太公望」的「望」省掉，把姜尚叫做姜太公。所以姜太公、姜尚、姜子牙、呂尚、太公望是同一個人。姜太公是遠古時代炎帝的後代，是真正的大家望族！他更是輔佐周文王、周武王滅商的功臣。

歇後語「姜太公釣魚——願者上鉤」大家是知道的，但具體怎麼回事，還不一定清楚吧！姜太公釣魚是商周時期，發生於姜太公與周文王之間的歷史傳說故事。姜太公曾宰過牛，賣過酒，但都虧了本，他不是做買賣的料。於是就隱居在陝西渭水邊一個地方，整天釣魚。這個地方是周文王統治的地區，他希望自己能引起周文王的注意，很想在政治方面建立功業。我們都知道，釣魚都是用彎鉤，上面掛有魚願意吃的餌食，然後把它沉在水裡，誘騙魚兒上鉤。但太公的釣鉤是直的，上面不掛魚餌，也不沉到水裡，有時候釣鉤離水面三尺高。他一邊將釣竿高高地舉起，一邊自言自語道：「魚兒呀，如果你們願意的話，我等待你們上鉤呀！」一天，

有個打柴的來到溪邊，見姜太公用直鉤在水面上釣魚，便對他說：「老大爺，像你這樣釣魚，是不會釣到一條魚的！」姜太公舉了舉釣竿，說：「對你說實話吧！我不是為了釣到魚，而是為了釣到人，大人物！」機會終於來了，有一次，周文王外出打獵，遇見了姜太公在釣魚。周文王看眼前釣魚人鬚髮斑白，怎麼也有七八十歲了，但精神矍鑠；再看他釣魚的方式很特別，仔細聽聽，只聽他一邊釣魚，一邊嘴裡不斷地嘮叨：「快上鉤呀快上鉤！願意上鉤的快來上鉤呀！」文王看了很納悶，就湊到老人跟前，和他攀談起來。透過談話，周文王發現姜尚不是一般人，而是一個目光遠大、學問淵博的人。他上曉天文，下知地理，對政治、軍事各方面都很有研究。特別是對於當時的政治形勢，分析得很獨到、很有道理。他還對周文王指出商朝的天下不會很長久了，應當有賢明的人舉起大旗推翻它，建立一個新的朝廷，讓老百姓能過上安居的生活。姜尚的話句句都中周文王的下懷。周文王心想我的理想就是要推翻商朝，正愁沒有大能人輔佐我。而眼前的姜尚，不就是自己要尋訪的大能人嗎？於是周文王懇切地對姜尚說：「我盼望您很久了，請您到我們那裡去，幫助我們治理國家吧！」說完就叫手下人趕過車子來邀請姜尚和自己一同上車，回到都城去。

姜太公釣魚圖

　　姜尚到了文王那裡，先被立為國師，也就是最大的武將；後來升為國相，總管全國政治和軍事。姜太公果然是棟梁之材，他幫助周文王整頓政治和軍事，對內促進生產，使人民安居樂業；對外征服各部族，開拓疆土，削弱商朝的力量。周文王在姜尚的輔佐下，控制了當時三分之二的天下，為滅商奠定了基礎。

　　這個故事演變成歇後語：姜太公釣魚 —— 願者上鉤。意思是：自願進入別人設計好的圈套中。

周公吐哺

周公旦，即周公，是為西周
建立打下堅實基礎的周文王的
第四子，也是伐紂建西周的周武
王的弟弟。周文王和周武王在世
時，他協助籌劃滅商大計，是文
武二王得力的助手，西周得以建
立的功臣。周武王死後，還是嬰
兒的周成王繼位。這時的周公撫
孤掌政，鎮壓叛亂，維護國家的

周公像

安定和統一，任勞任怨；他又輔佐周成王建設國家，如修建
雒邑，整治朝綱，促進生產，制定法律，以法治國，使一個
千瘡百孔的西周進入了繁榮發達的新時代。周公是文武二王
接連去世後、承接歷史使命的特殊人物。他具有非凡的政治
和軍事才幹，為人誠實忠厚，一生鞠躬盡瘁，一向受到朝野
上下的敬重。他對西周的功勞，他對中華民族的貢獻，連同
周公這個光輝的名字一起永載史冊。

那麼周公吐哺是怎麼回事呢？

　　周武王實行分封制的時候，把魯地封給了周公。周公為了當好武王的顧問，沒有離開京畿（現在人們所說的中央），而是派自己的兒子伯禽前去管理。伯禽臨行前，周公諄諄告誡他說：「吾文王之子，武王之弟，成王之叔父，又相天下，我於天亦不輕矣。然我一沐三捉髮，一飯三吐哺，起以待士，猶恐失天下之賢人。子之魯，慎無以國驕人。」意思是：我是大名鼎鼎的文王的兒子，也是伐紂建國的武王的弟弟，更是年幼成王的叔父，又當宰相，對於天下人來說我的地位也算很高了，可謂是一人之下萬人之上。可是即使這樣，我還常常會中斷洗髮，甚至多次吐出口中的飯，趕快出來迎接來訪的客人。我這樣兢兢業業，還唯恐辜負了天下人。希望你到了魯國後，不要人前顯威，不要以自己的地位為傲。這就是「周公吐哺」這一故事的來歷，又稱「周公反哺」。人們常常用「周公吐哺」來形容禮賢下士。

▋「國人暴動」

　　「國人暴動」，又稱彘（ㄓˋ）之亂、「國人起義」，發生於西元前841年，地點是西周都城鎬京（今陝西西安長安區西北）。「國人」就是居住在國都鎬京的人，也就是平民。當時周厲王姬胡繼位。那麼為什麼會發生這一事件呢？原因是這樣的。

周厲王姬胡實行「專利政策」，當時，不僅絕大部分耕地歸周王和大小貴族所有，而且人們開荒、打獵、捕魚等也要由天子直接控制。這樣一來，人們一點活路都沒有。

周都鎬京的「國人」不滿周厲王的專利政策，怨聲載道。大臣召公進諫說：「民不堪命矣！」意思是人們已經受不了了，都在議論紛紛。周厲王不以為然，還命令專門人員監視「國人」的言行，禁止「國人」談論國事，違者格殺勿論。這樣一來，京城籠罩在一片恐怖氣氛中。在周厲王的高壓政策下，「國人」不敢在公開場合議論朝政。人們在路上碰到熟人，也不敢交談打招呼，只能用眼色示意一下，然後就匆匆地走開，這就是「道路以目」的由來。周厲王對此十分滿意，對召公說：「我有能力制止人們的非議，他們再也不敢議論了！」召公見周厲王執迷不悟，再次勸諫他道：「您這是在用高壓的手段來堵住民眾的嘴！堵住人們的嘴，就像堵住了一條河，這更可怕！就好像治水，要採用疏導的辦法。治民也一樣，也要疏導，讓天下人暢所欲言。」周厲王聽了脖子一歪，覺得這些話特別刺耳。

西元前 841 年，鎬京的「國人」集結起來，喊著口號，手持各式各樣的武器，像洪水一樣，衝向王宮，要殺周厲王。這一天，周厲王正在宮中下棋，忽然有一位大臣氣喘吁吁地來報：「大王，大事不好，鬧起來啦！」「誰鬧啦？」

「國人。」周厲王忽地站起來，臉色大變，召集大臣，商量對策，下令調兵遣將。有位大臣回答說：「我們周朝軍隊，當兵的大都是『國人』，『國人』就是兵，兵就是『國人』。『國人』都造反了，還能調集誰呢？趕快逃命吧。」周厲王手忙腳亂地帶領幾位親信從後門逃走，沿著渭水河岸，一直逃到彘（今山西霍州）。14 年後，周厲王死去。

「國人」攻進王宮後，沒找到周厲王，憤怒之下把王宮燒了，轉而尋找太子。太子姬靜被召公藏了起來。「國人」把召公家包圍得水洩不通，要求召公交出太子。召公心一橫，把自己的兒子裝扮成太子。「國人」抓過「太子」，「咔嚓」一聲殺了。

為了控制局面，在召公等大臣的勸解下，國人紛紛離去。可是，天下無主。於是周公和召公在貴族們的推舉下，暫時代理政事，史稱「周召共和」或「共和行政」。

「國人暴動」動搖了西周王朝的統治，直接導致了周王室日趨衰微，加速了西周的滅亡。

▌烽火戲諸侯

現代科技很發達，網際網路把全世界的人連接起來，不用一秒鐘就可以把一個訊息傳播到世界各地。可是在古代，就不這麼簡單了。古代用烽火臺傳信，這是奴隸制國家在政

治和軍事方面通信的需求。西周的時候，遇到敵情要告知各方，靠的是烽火臺來傳信報警。如果白天遇到敵情要報警，就在烽火臺燃燒摻有狼糞的柴草，使濃煙（狼煙）直衝雲霄，各方看到後就會來增援；如果黑夜遇到敵情要報警，就在烽火臺燃燒加有硫黃和硝石的乾柴，使火光通明，另方看到後，也會來增援。國王如果遇到敵情，就會燃燒狼糞或柴草，狼煙和火光把敵情傳遞全國各地，諸侯見到此景，就會馬上率兵增援保衛周天子。周幽王在位時期，昏庸無道，殘暴而腐敗。他有個十分寵愛的妃子名叫褒姒，長得異常美艷，《東周列國志》中有文字形容褒姒：「眉清目秀，唇紅齒白，髮挽烏雲，指排削玉，有如花如月之容，傾國傾城之貌。」褒姒雖然很美，但是「從未開顏一笑」，是個冰美人。周幽王命人貼出告示：「誰要能博娘娘一笑，就賞他一千斤金子」（當時把銅叫金子）。有人看到告示後想出了一個點起烽火來戲弄諸侯的辦法，獻給了周幽王。一天傍晚，周幽王帶著褒姒登上城樓，命令四下點起烽火。周邊的諸侯看到了烽火，以為西戎（當時西方的一個部族）來犯，便從四面八方領兵趕到城下救援。他們到達後一個個汗流浹背，疲憊不堪。仔細一看，不見敵人，只見到處燈火輝煌，鼓樂喧天。一問才知是周幽王為了取悅褒姒而做的荒唐事。諸侯們心中窩火，但敢怒不敢言，只好氣憤地打道回府。周幽王和

褒姒望著疲憊受騙的諸侯，拍手大笑。「千金買笑」的故事就是從這裡來的。

周幽王戲諸侯這事不久，西戎部族果真來犯西周。雖然周幽王點起了烽火，但是沒有一個諸侯援兵趕到。這是因為各諸侯都以為周幽王是故伎重演，像上次那樣欺騙他們。結果西周的都城被西戎攻下，周幽王也被殺死，從此西周滅亡。

周幽王玩笑開得太大了！本來，只有萬分危急的時候才點燃的烽火，卻被一個帝王拿來博美人一笑。結果是國破家亡，千古留下一聲悠長的嘆息。

▌尊王攘夷

管仲像

春秋時期的齊國，是當時東方的一個大國，國君齊桓公任用管仲為相。

管仲積極改革內政；促進生產；還改革軍制，組成強大的軍隊。透過改革，齊國國富兵強。齊桓公在這樣的基礎上打出了「尊王攘夷」的旗幟，以諸侯長的身分，挾天子以伐不服。

「尊王攘夷」，原文為「尊勤君王，攘斥外夷」。尊，尊崇。王，周王。攘，排斥、抵禦。夷，周邊少數民族。這則

典故的原意是尊奉周王為中原之主，抵禦周邊的少數民族。後來發展成為面對外族入侵時，結成民族統一戰線以共同對敵。

西元前 655 年，周惠王產生另立太子的想法。齊國國君齊桓公在首止（地名）召集其他諸侯國君，與周天子（周王）會盟，來確定太子的正統地位。前 654 年，齊桓公因為鄭國的國君鄭文公逃會，於是率領諸侯國聯軍討伐鄭國。幾年以後，齊桓公率領多數諸侯國國君與周襄王派來的大夫（即卿大夫，地位僅次於諸侯）舉行諸侯會盟，從而確立了周襄王的統治地位。前 651 年，齊桓公在葵丘召集魯、宋、曹等諸侯國國君及周王的代表周公宰。周公宰代表周王正式封齊桓公為諸侯長。同年秋，齊桓公以霸主身分主持了葵丘之盟。此後凡是遇到侵犯周王室權威的事，齊桓公有權力過問和制止。從以上內容可以看出，諸侯長的權力很大，連周王和太子的確立他都說了算，是名副其實的天下霸主。尊了周王的同時，更尊了齊桓公這個霸主。

西元前 664 年，山戎（少數民族）伐燕，齊軍出兵救燕。前 661 年，狄人（少數民族）攻邢，齊桓公派兵打退了狄兵，幫助邢國建立新都。前 660 年，狄人又大舉進攻衛，衛懿公被殺。齊桓公親率眾諸侯替衛國在楚丘另建新都。楚國是南方大國，經常北侵。齊桓公對其進行了有力的回擊。

前 655 年，以齊國為首的諸侯國聯軍伐楚，迫使楚國同意進貢周王室，楚國同時表示願加入以齊桓公為首的聯盟，唯齊國是尊。「攘夷」，特別是伐楚之役，抑制了楚國北侵，保護了中原諸國。

齊桓公實行的「尊王攘夷」政策，進一步鞏固了其霸主地位，也使其霸業更加合理合法。同時也維護了中原經濟和文化的發展，為中華文明做出了巨大貢獻。

「尊王攘夷」在中國歷史上多有評價，主要是正面的評價。如孔子稱讚管子（管仲）輔助齊桓公「尊王攘夷」的貢獻，朱熹亦稱其「尊周室，攘夷狄，皆所以正天下也」，顧炎武更稱「尊天王攘夷狄，誅亂臣賊子，皆性也，皆天道也」。

▎退避三舍

退避三舍出自《左傳》，比喻不與人相爭或主動讓步。

退避三舍的故事源於春秋時期第二個霸主晉文公，他名重耳。春秋時期，重耳因受迫害而逃離晉國，在外漂泊 19 年。經過千辛萬苦，來到楚國。楚成王以國君之禮相迎並款待他。一天，楚王設宴招待，兩人推杯換盞，聊得不亦樂乎。忽然楚王轉而問道：「如果有一天你能回晉國當上國君，會不會報答我？」「那當然。」「該如何報答我？」重耳沉著淡定地說：「美女、珠寶，大王您有的是；天上飛的

珍禽，地上跑的異獸，您的楚國更是盛產，晉國哪有什麼更好的東西獻給大王呢？」楚王說：「公子過謙了，即便如此，可總該對我有所表示吧？」重耳笑笑回答：「老天長眼，托您的福，我如果真能回晉國當政的話，我願與貴國世代交好。假如有一天，晉楚兩國之間發生戰爭，我一定命令軍隊先退避三舍（一舍等於三十里），以報答大王您的收留之恩；如若還不能講和，我只能與您交戰。」後來，重耳真的回到晉國當了國君，就是歷史上有名的晉文公。常年的流亡生活，晉文公比較了解民間疾苦。他整頓內政，促進生產，訓練軍隊，使晉國日益強大。同時，南方的楚國勢力已經發展到黃河流域。西元前 633 年，楚晉兩國的軍隊在中原戰場上相遇。為了報答楚王的恩情，實現諾言，晉文公下令軍隊退避三舍，駐紮在城濮（今山東鄄城西南）。楚軍見晉軍後退，以為對方害怕了，馬上追擊晉軍。晉軍抓住楚軍驕傲輕敵的弱點，取得了城濮之戰的勝利。

從此，晉文公成為中原的第二位霸主。

▍臥薪嘗膽

臥薪嘗膽原指越國國王勾踐立志雪恥，忍辱負重，發奮圖強，以圖復國的事跡。後演變為成語，形容人刻苦自勵，立志雪恥圖強。

春秋時期，爭霸戰爭頻繁。春秋末期，江南的吳國和越國也加入了爭霸戰爭的行列中來。吳王闔閭（ㄏㄜˊ　ㄌㄩˊ）任用楚國人伍子胥和齊人孫武為帥將，一舉攻破楚國都城。後來，吳越兩國交鋒，勢均力敵，互有勝負。到了吳王夫差時，吳國打敗越國。越王勾踐戰敗被迫向吳王稱臣。吳王夫差強迫勾踐和夫人到吳國。為了羞辱越王，夫差讓勾踐養馬，打掃宮殿，還派勾踐看墳掃墓，做奴僕們才做的事。越王勾踐雖內心不服氣，但仍假意順從。夫差出門時，勾踐就幫夫差上前牽馬；他生病時，勾踐就對他細心照顧。期間，勾踐夫婦受盡屈辱。吳王夫差看勾踐對自己忠心耿耿，極為盡心，三年以後就允許他返回越國。

　　勾踐回到越國後，立志報仇雪恨。他唯恐眼前的安逸生活消磨了意志，就在屋裡懸掛一個苦膽，吃飯坐臥，都要舔嘗，還自問道：「你忘了會稽之恥嗎？」「你忘了亡國之辱嗎？」時刻提醒自己別忘了三年的苦滋味。他還用柴草取代蓆子來當褥子。這就是為後人所傳誦的「臥薪嘗膽」。

　　要報仇雪恨，光每天臥薪嘗膽還很不夠。勾踐決心要使越國富強起來。他和老百姓共同勞作，叫他的夫人自己織布，來鼓勵生產；他制定了獎勵生育的制度以改變因為戰爭使人口大大減少的現狀；他任用文種管理國家內政，選派范蠡加強軍事訓練；虛心納諫，救濟百姓，爭取人心，積極準備攻吳。

　　越國積極準備攻吳的時候，那吳國的情況如何？原來吳國不是積極防越，而是準備攻打齊國。伍子胥勸夫差道：「據說勾踐臥薪嘗膽，立志雪恥，跟百姓融為一體，全國上下眾志成城，國家一天天富強起來，看樣子一定要再跟吳國一決高低。為了不留後患，希望大王先去滅了越國，除掉勾踐。」夫差對此充耳不聞，不僅勞民傷財攻打齊國，而且逼迫伍子胥自殺。

　　西元前 475 年，在充分準備下，越王勾踐大舉進攻吳國，吳國的軍隊連連敗退。吳都被越國軍隊包圍了兩年，終於攻破，吳國滅亡。後來勾踐到中原與諸侯會盟，成為春秋時期最後一個霸主，稱霸一時。

　　越王勾踐「臥薪嘗膽」，勵精圖治，終於成就了一番偉業。這樣的勵志故事，值得我們去發揚光大！

▌紙上談兵

　　戰國時期，趙國大將趙奢是趙國屢建戰功的名將。他曾大敗入侵的秦軍，取得以少勝多的勝利，聞名於世。他有一個兒子叫趙括，在家庭中耳濡目染，從小便熟稔軍事知識，一般的人往往說不過他。別人都誇獎他，趙括因此很驕傲，自以為天下無敵。趙奢卻很替兒子擔憂，認為他是紙上談兵。他預言說：「將來趙國不用他為將也就算了，如果用

他，他一定會使趙軍遭受失敗。」那麼結果如何？

戰國末期，強大的秦國不斷透過戰爭，兼併東方六國的土地。西元前 260 年，秦、趙之間發生了空前激烈的長平（今山西高平附近）之戰，趙國老將軍廉頗率軍迎敵。為了避開鋒芒正勁的秦軍，廉頗使用拖垮戰術，下令讓軍隊堅守城池，以逸待勞，從而拖垮秦軍。結果如廉頗所料，秦軍由於遠道而來，經不住拖延，糧草短缺，難以為繼，十分恐慌。秦軍首領心生一計，施行了反間計，派人到趙國散布「秦軍最害怕趙奢的兒子趙括將軍，別的誰都不怕，更不害怕那老廉頗」的話。趙王正在為廉頗在軍事上毫無進展而不滿，聽到傳言，隨即撤掉廉頗，改派趙括為大將應戰。

趙括一到任，改變了廉頗的戰術，大量撤換將官。陣前換人，是兵家之大忌，軍隊中頓時軍心渙散。秦軍得知趙軍的情況，心中竊喜。一天深夜，秦軍派一支隊伍偷襲趙營，小戰片刻，便假裝敗逃。同時，秦軍又派兵乘機切斷了趙軍的糧道。趙括不知實情，真以為秦軍敗逃。他得意地想，秦軍果然對我心存畏懼，眼下即將取勝。於是他命令軍隊出城追擊。結果，趙軍在追擊途中被秦軍伏兵攔截。然後，秦軍集體出動，將趙軍團團圍住，各個擊破。趙軍被秦軍圍困 40 多天，糧盡彈絕，軍心大亂。趙括一籌莫展，想不出好的突圍方法。眼看死守也不是辦法，便率軍拚死突圍。可是秦軍

四面衝殺，趙軍根本沒法突圍出去。結果趙括被亂箭射死，40 萬趙軍被坑殺，從此趙國一蹶不振。趙括葬送了自己，還葬送了國家。

「紙上談兵」原指在紙面上談論打仗，而沒有實戰經驗。後用這個成語比喻空談理論。

▍立木為信

西元前 361 年，秦國明君秦孝公剛剛即位，就決心發憤圖強，進行改革，強兵富國，於是廣泛網羅人才。衛國的貴族公孫鞅（商鞅）來到秦國，得到秦孝公的接見與信任。在秦孝公的支持下，商鞅開始變法。

為了取信於民，商鞅命人在都城南門立了一根三丈高的木桿，然後貼出告示：「誰能把這根木桿扛到北門去，就賞金 10 兩。」不一會，南門口圍了一大堆人，大家議論紛紛：「這是什麼難事，賞這麼多金子？」「這根木頭誰都拿得動，哪兒用得著十兩賞金？」「這大概是成心開玩笑吧。」大夥兒面面相覷，就是沒有一個上前去扛木頭的。商鞅見無人響應，心知百姓在質疑他的命令，就把賞金提到 50 兩。沒想到賞金越高，人們越疑惑，不知道葫蘆裡賣的什麼藥，越想越覺得不近情理，仍舊沒人敢去扛。正在大夥兒嘀咕的時候，人群中有一個壯漢跑出來說：「我願一試。」他說罷便把木

頭扛起來就走,一直扛到目的地北門。商鞅立刻賞給他50兩黃金。大家湊到壯漢跟前,一看果然是50兩金子。這件事立即在秦國上下傳開。老百姓興奮地說:「這位新官的命令不含糊,說話當真算數!」商鞅因此提高了威信。不久,商鞅就在秦國進行變法。此事史稱「徙木立信」,又稱「南門立木」,還稱「扛桿贈金」。原意是取信於民,現在引申為依法辦事。

北宋改革家、政治家王安石為此事專門寫了一首詩稱讚商鞅:「自古驅民在信誠,一言為重百金輕。今人未可非商鞅,商鞅能令政必行。」

▌破釜沉舟

破釜沉舟就是把飯鍋打破,把渡船鑿沉,比喻不留退路,誓死決戰,下決心不顧一切地奮戰到底。

「破釜沉舟」的典故出自秦末著名戰爭 —— 鉅鹿(今河北平鄉)之戰中。西元前207年,項羽率軍救援被秦軍圍困在鉅鹿的起義軍。秦軍有30萬人,項羽楚軍只有數萬人。楚軍大軍渡過了漳河,背河紮營。項羽下令士兵每人帶足3天的糧食並砸碎行軍做飯的鍋。將士們聽罷很是詫異,項羽分析說:「沒有鍋,我們可以輕裝前進,儘快救助危在旦夕的起義軍!至於吃飯的問題,好解決,讓我們到章邯(秦軍

將領）軍營中取鍋做飯吧！」將士們恍然大悟，又按項羽的命令砸沉所有渡船，燒掉所有帳篷。戰士們一看這種現狀，心想：現在已經沒退路了，這場仗如果打不贏，只有死路一條；活的路只有一條，那就是奮勇殺敵！

項羽的決心和勇氣，對將士起了很大的鼓舞作用。戰鬥開始了。楚軍人人以一當十，以十當百；個個如下山猛虎，衝向敵營，奮勇衝殺。戰場之上，狼煙蔽日，昏天地暗，殺聲震天。楚軍將士越戰越猛，直殺得山搖地動，血流成河。經過多次交鋒，楚軍終於以少勝多，大敗秦軍，秦將死的死，亡的亡，章邯在走投無路的情況下，就率領剩下的秦軍投降了項羽。

▍約法三章

秦朝末年爆發了農民起義，項羽和劉邦率領的起義軍在後期攻勢如潮。劉邦率領起義軍直逼咸陽，秦朝統治者向劉邦投降，秦朝滅亡。

劉邦

劉邦軍隊進入咸陽後，其部下官兵們覬覦秦宮裡的金銀
財寶而相互搶奪。剎那間，咸陽城中局面混亂到無法控制的
程度。劉邦更是得意地走進秦宮，面對不可計數的珠玉珍玩
和美貌的後宮佳麗，也禁不住地想立即體驗一下做關中王的
滋味。這時，清醒的樊噲對劉邦說：「沛公（劉邦），你是
打算將來做天下王，還是做關中王？是做一個統治者，還是
做一個富翁？奢侈浮華和掠奪百姓都是秦所以亡天下的原
因，你怎麼現在就想留在宮中享受呢？應該趕快還軍灞上。」
但劉邦此時被一時的勝利沖昏了頭腦，根本聽不進樊噲的勸
解。這時，在旁邊的張良趕快又對劉邦進言：「正因為秦朝
無道，沛公你才起而反之，經過努力才有今天的成果。如果
你這樣下去，和暴秦有什麼區別呢？俗話說忠言逆耳利於
行，良藥苦口利於病，希望您能聽從樊噲的忠言。」在樊噲
和張良的勸說之下，劉邦這才茅塞頓開，下令封閉王宮，還
軍灞上。

劉邦還軍灞上後，便召集諸縣父老豪傑，向他們發布安
民告示：秦朝時期，誹謗他人的人族誅（一人犯罪，一個家
族都要受到牽連）。人們之間打個招呼，說個話，就要在鬧
市中砍頭。父老鄉親被秦朝的嚴酷刑法害苦了。我與諸侯們
相互約定，誰先攻入咸陽，誰就當關中王。現在我再與關中
的各位父老豪傑約法三章：殺人者死，傷人者刑，及盜抵

罪。（殺了人就是死罪；傷了人就要用刑；偷盜的人也要治罪）從今天起，秦朝法律全部廢除，各位官吏都像以前一樣按部就班地工作。我到關中來，是為父老鄉親除秦害，不是想侵害你們的權利，所以不要驚慌！

「約法三章」這個安民告示，有三點值得注意：第一，秦末農民起義過程中，殺縣令、誅守尉的現象層出不窮，是合理的。現在根據約法三章，如果誰敢再像陳勝、吳廣那樣殺將尉，發動起義的話，那就要被處死。所以說，它是劉邦由起義領袖向地方階級代表轉變的標誌。第二，「各位官吏都像以前一樣按部就班地工作」，實際上是保留了秦王朝的行政機構和官員，讓他們行縣鄉邑，將劉邦的約法三章傳達給鄉紳百姓，這個做法從本質上講保護了關中貴族集團的利益。第三，劉邦當眾再三強調他率軍入關是為父老除害，並不是來欺凌百姓的，博得了關中老百姓乃至地方貴族的好感。於是，關中人上下特別高興，爭先恐後地用牛羊酒食犒勞軍士，而劉邦則辭讓不接受，還說：「糧食挺多的，不缺，不想麻煩你們。」劉邦越是辭讓，老百姓越是喜歡劉邦及其隊伍，他們終於消除了對劉邦的懷疑和戒備，唯恐劉邦不做關中王。這樣，劉邦在未來與項羽對關中的爭奪中，已經棋先一著了。也難怪楚漢之爭劉邦獲勝，奪得天下。

「約法三章」現在泛指訂立簡單的條款，以資遵守。

▌鴻門宴

　　秦末，劉邦與項羽率各自的部隊攻打秦朝的部隊。西元前207 年，項羽以少勝多，在鉅鹿打敗秦軍主力。同時，劉邦率兵直逼咸陽，秦朝統治者投降，秦朝滅亡。也是從此時開始，項羽和劉邦的身分由起義軍領袖轉變為封建統治者，雙方的爭奪開始顯露出來。劉邦兵力雖不及項羽，但劉邦先破咸陽。項羽聞之勃然大怒，於是進軍關中。項羽實力雄厚，擁兵 40 萬，駐紮在鴻門（今陝西西安東北）。項羽下令次日早晨讓兵士飽餐一頓，準備發起一場惡戰來一舉擊敗劉邦。

　　劉邦得知此事後，大為吃驚。劉邦只有 10 萬人，不敢與項羽對抗，就拉攏收買項羽的叔父項伯。項伯答應在項羽面前說情，並讓劉邦次日前來謝罪。第二天，在項羽接待劉邦的鴻門宴上，項羽的謀士范增一直主張殺掉劉邦。他一再示意項羽發令趁機殺掉劉邦，但項羽屢次猶豫不應。范增只好招來壯士項莊舞劍為酒宴助興，藉機殺掉劉邦。項伯發現端倪，也拔劍起舞來掩護劉邦，使項莊無從下手。在這殺機重重的危急關頭，劉邦部下樊噲帶劍擁盾闖入，眼神直逼項羽，項羽只好客氣地問來者何人，並命賜酒，樊噲接過來一口飲完；項羽又命賜豬腿，樊噲拿過來就吃；又問能再飲酒嗎？樊噲氣哼哼地說：「臣死都不懼，一杯酒又如何？」樊噲還乘機說了一通劉邦的好話，項羽啞口無言。期間，劉邦

藉口上廁所，乘機逃離鴻門。劉邦部下張良為劉邦的逃跑爭取時間，便入門為其推脫，說劉邦不勝飲酒，無法前來道別，現向大王獻上白璧一雙，並向范增獻上玉斗一雙。糊塗的項羽收下了白璧，但范增明白劉邦這一跑的惡果，氣得拔劍將玉斗砸碎。

現在我們說「鴻門宴」的意思就是暗藏殺機。這個故事還演變出一個歇後語：「項莊舞劍，意在沛公」，意思是說話和行為的真實意圖別有所指。

▌四面楚歌

西元前 202 年，經過四年的較量，項羽和劉邦約定以鴻溝（在今河南榮縣境賈魯河）東西邊作為界限，互不侵犯。在謀將張良和陳平的規勸下，劉邦打算一鼓作氣，消滅項羽，一統天下。於是命令韓信等會合兵力，追擊正在向東開往彭城（即今江蘇徐州）的項羽部隊。幾次激戰之後，楚軍已經成為強弩之末。這時，韓信使用十面埋伏的計策，布置了多重兵力，把項羽及其殘餘軍隊緊緊圍在垓下（今安徽靈璧東南）。此時，項羽官兵所剩無幾，彈盡糧絕。劉邦的軍隊為了麻痺敵人，命令他的軍隊都唱起楚地民歌。項羽中計，十分頹喪地說：「劉邦已經得到了楚地了嗎？為什麼他的部隊裡面楚人這麼多呢？」此時的項羽鬥志全無，掙扎著

從床上爬起來，癱坐在地上借酒消愁。然後自己吟詩一首：「力拔山兮氣蓋世，時不利兮騅不逝，騅不逝兮可奈何，虞兮虞兮奈若何。」意思是：「力量能搬動大山啊氣勢超壓當世，時勢對我不利啊駿馬不能奔馳。駿馬不能奔馳啊如何是好，虞姬虞姬啊我怎樣安排你！」項羽的愛妃虞姬不由得和他一同唱和，唱得兩人眼淚滂沱。僅存的士兵見狀也十分難過，一起哭泣。項羽英雄末路，仍不甘心，帶領 800 餘騎士突圍，最終僅剩 28 人。看看眼前的 28 名忠貞不渝的士兵，他感到無顏面對江東父老，最終自刎於烏江邊，從此劉邦得到天下。

上述故事演變出好多成語：如四面楚歌、垓下之圍，比喻陷入四面受敵、孤立無援的境地。還有霸王別姬、烏江自刎，比喻窮途末路，沒有希望。

宋朝詞人李清照曾寫詩點評、讚許：「生當作人傑，死亦為鬼雄，至今思項羽，不肯過江東。」表達了對項羽的敬佩、思念之情。毛澤東也曾寫過一首詩，表達了對項羽的另一種評價：「宜將剩勇追窮寇，不可沽名學霸王。」。

張騫通西域

漢武帝時期，有一個冒險家叫張騫，他一生最大的功績就是兩次出使西域，對開闢絲綢之路有著卓越貢獻。

「西域」是哪裡呢？兩漢時期，狹義的西域是指玉門關、陽關（今甘肅敦煌西）以西，也就是今天新疆地區和更遠的地方。廣義的西域還包括蔥嶺以西的中亞細亞、羅馬帝國等地，今阿富汗、伊朗、烏茲別克斯坦至地中海沿岸一帶。我們所說的是狹義的西域。

張騫出使西域的最初目的是為了貫徹漢武帝聯合大月氏（ㄖㄨˋ ㄓ）抗擊匈奴，但出使西域之舉促進了漢夷文化的交流，「絲綢之路」使得中原文明迅速傳播。因此，張騫出使西域這一歷史事件具有非常特殊的歷史意義。

漢武帝是個具有雄才大略的皇帝，他決心根除匈奴對西漢的威脅。於是招募使者出使西域，尋找並聯絡曾被匈奴趕到西域的大月氏，合力進擊匈奴。渴望為漢朝建功立業的張騫，毅然應募前往。

西元前 138 年，張騫一行百餘人從長安起程，一路向西行進。一路上風吹日晒，險象環生，但他依然風雨兼程。當他們行至河西走廊一帶時，占據此地的匈奴騎兵發現了他們。張騫和百餘隨從全部被抓，被扣留了 10 年。匈奴單于知道了張騫西行的目的之後，對他們的看管更加嚴格。為防止他們串通，還把他們分散開來，分批去放羊牧馬。並讓張騫娶了匈奴女子為妻，來監視他，誘降他。但是，張騫堅貞不屈，不忘使命。

　　整整過了 11 個春秋，他們終於逮住機會，倉促出逃。一路上沒有乾糧和飲用水，飢渴難忍。多虧隨行的甘父射獵了一些飛禽走獸，他們以此為生，才躲過了死亡的威脅。可惜輾轉到了大月氏，卻得知大月氏已經無心再與匈奴打仗。張騫在東歸返回的途中，再次被匈奴抓獲，後又設計逃出，歷盡千辛萬苦，終於在 13 年後回到長安。返回長安後，張騫馬上向漢武帝報告了西域的見聞，特別是他們想和漢朝往來的願望。

　　西元前 119 年，西漢打敗匈奴，匈奴再也無力與西漢抗爭。在這樣的前提下，漢武帝派張騫第二次出使西域。張騫率領使節團，帶著大量的絲綢瓷器，訪問了西域的許多國家。西域各國也派使節團回訪西安。從此，雙方的交往密切而頻繁。我們今天吃的葡萄、核桃、石榴等就是張騫通西域後才傳到中原的。前 60 年，西漢政府設立西域都護府，總管西域事務，西域（新疆）成為中國領土不可分割的一部分。

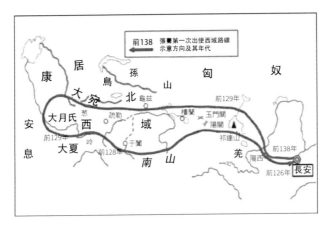

張騫出使西域圖

張騫通西域後，東西往來頻繁。人們帶著中國的拳頭產品，如絲織品、瓷器等，從長安出發，經過新疆，運往西亞，再轉運到歐洲，回頭再把歐洲、西亞、西域的產品運到中國內地。這條溝通中西交通的陸上要道，就是歷史上著名的絲綢之路。

通西域、設立西域都護府、開闢絲綢之路，這三大工程的功臣是張騫。他的偉大功勞，至今舉世稱道。

▌蘇武牧羊

西元前 119 年，漢武帝派衛青、霍去病在漠北打敗了匈奴，匈奴無力再與西漢對抗。匈奴逃至漠北，休養了好幾年，單于把被扣留的西漢使者放了回來。漢武帝對單于這種

通曉情理的做法表示讚賞，於是派遣蘇武以中郎將的身分出使，持旄節護送扣留在漢的匈奴使者回國。但是，蘇武到了匈奴不久，就發生一件事，使他無辜受到牽連。事情是這樣的：漢朝叫衛律的使者，很早便投降了匈奴，並被匈奴封為王，他總替匈奴出主意侵犯中原。衛律有個副手叫虞常，對衛律背叛漢朝行為甚為痛恨，就和蘇武的副手張勝暗中謀劃，準備把衛律殺死。誰知事情敗露，很自然蘇武被捲進是非中。

　　單于叫衛律勸蘇武他們投降。蘇武指著衛律，痛罵道：「你個賣主求榮的小人，背叛朝廷，我絕不會像你一樣投降，要殺要剮隨你便！」

　　單于聽說後，就想從精神上折磨蘇武，達到摧垮他的意志、使他屈服的目的。於是就把蘇武關在陰溼寒冷的地窖裡，不給他食物。飢餓難耐的蘇武就吃地窖裡的破皮帶、羊皮片等破爛東西。

　　過了幾日，單于見蘇武還活著，再勸降，依然沒有結果。於是單于就把他送到北海（今貝加爾湖）放羊，並告訴他：「等哪天公羊生下小羊，你就可以回漢朝。」

　　蘇武到了北海，天當被，地當床。吃的是挖的野菜，逮的田鼠；喝的是西北風和雪花。日復一日，年復一年，他堅強地與死神搏鬥，頑強地活下來了。他心中只有一個念想：

回到大漢去！他手裡的那個代表朝廷使節的旄節的穗子全掉了，可是他仍視之如命。

死他不在乎，但最讓他念念不忘的是，他是漢朝的使者。他拿著旄節放羊，抱著旄節睡覺，他想總有一天能拿著旄節回去。

西元前 85 年，匈奴起了內亂，漢昭帝藉機派出使者來到匈奴，贖回了蘇武等人。

當年蘇武出使時，隨從多達 100 人，但是這次跟著他回來的僅剩幾人；蘇武出使時剛 40 歲，在匈奴受難 19 年，白頭髮白鬍鬚的他，看上去像 80 多歲的老人！他回來的時候，長安的人民都爭相目睹威武不屈的大丈夫，心中充滿敬佩。

蘇武牧羊圖

▍昭君出塞

王昭君，即王嬙（ㄑㄧㄤˊ），字昭君，原為漢宮宮女。

前 1 世紀中期，匈奴分裂為幾部，彼此攻殺不休。其中一個部落的首領呼韓邪單于向漢朝稱臣，南遷到長城附近，同西漢訂立了和好盟約。東漢元帝時期，呼韓邪單于入朝向漢元帝請求和親。元帝答應此事，並決定挑選一名宮女當作公主嫁給呼韓邪單于。

昭君出塞圖

很多民間選來的宮女，整天被關在後宮裡，因為得不到皇帝的寵幸，所以很想尋找機會出宮，但不願遠嫁到匈奴，因此管事的大臣很著急。這時，有一個宮女決意去匈奴和親，她就是王昭君。王昭君長相出眾，能文善舞，又很有見地。管事的大臣聽說王昭君肯去和親，於是急忙上報元帝。

元帝就命令大臣選擇良辰吉日，讓呼韓邪和昭君在長安完婚。單于得到了貌美的妻子，自然激動萬分。這中間還出現了一些波折。臨回匈奴前，單于偕同王昭君向元帝告別，元帝忽見王昭君美麗端莊，很想將她留下，但為時已晚。元帝回宮後，茶飯不思，十分詫異自己往日竟沒發現宮中有此絕色美人。他命人拿出昭君的畫像仔細端詳，總覺得畫像不如本人漂亮。這是什麼原因？經過一番調查發現，原來畫工毛延壽做了手腳。那毛延壽為何要作弊呢？原來皇帝從宮女中挑選佳麗，是由畫工給宮女畫了像，送給皇帝來選。毛延壽便給送禮多的宮女畫得漂亮些。王昭君可能是家裡經濟條件有限，也可能對這種勒索行為不認同，就沒有送禮物給毛延壽，所以毛延壽就沒有把她的美貌如實地畫出來。知道此情後，元帝惱怒地處理了毛延壽。言歸正傳，昭君在長安完婚後跨上馬，懷抱琵琶，在漢朝官員的護送下，和單于離開了長安。有人這樣描述當時的情景：一路上，西風呼嘯，沙土漫天，王昭君禁不住淚流滿面，悲喜交加。她在馬上撥動琴弦，奏起悲壯哀傷的離別曲。南飛的大雁聽到琴聲，看到馬車上美麗的昭君，忘記搧動翅膀飛翔，從天空中跌落下來。從此，昭君就得到「落雁」的代稱。還有詩人作詩：「千載琵琶作胡語，分明怨恨曲中論。」在詩人的眼中，王昭君可能是悲傷的。但是不管怎麼樣，王昭君是堅強且勇敢的。

　　昭君到達匈奴後，逐漸習慣了匈奴的生活，並和匈奴人相處融洽。她一面勸單于不要和漢朝動兵打仗，一面向匈奴人民傳播中原文化。昭君死後葬在匈奴人控制的大青山，匈奴人民為她修了墳墓，並奉她為神仙。

　　史書記載，昭君和親後，「邊城晏閉，牛馬布野，三世亡（無）犬吠之警，黎庶無干戈之役」。意思是：塞外邊城的城門關閉，原野上牛馬成群，幾代人生活安寧，連犬的叫聲都聽不到了，老百姓也不用拿起武器去打仗。

　　董必武的〈謁昭君墓〉詩碑：「昭君自有千秋在，胡漢和親識見高。詞客各抒胸臆懣，舞文弄墨總徒勞。」

　　可見，呼韓邪和昭君和親，為漢匈的友好相處和文化交流做出了重大貢獻。在民間老百姓心目中，昭君是民族團結和諧的象徵，2,000 多年來，她的故事在民間廣為流傳，家喻戶曉。

▌火燒曹營

　　這個故事是奠定三國鼎立基礎的著名決戰 —— 赤壁之戰中的一個重要環節。

　　西元 208 年，曹操率領 20 多萬大軍南下，想要滅掉南方的劉備和孫權，達到統一全國的目的。孫劉雙方組成 5 萬人的孫劉聯軍，在長江沿岸的赤壁一帶和曹軍對峙。曹操的

部隊大都是北方人，不習慣水上作戰。為改變這一局面，曹操下令將戰船用鐵索相連，減弱了風浪的顛簸。這一辦法果然奏效，北方籍兵士登上戰船，顛簸嘔吐的現象大大減少，於是士兵加緊演練，待機攻戰。吳國大將周瑜鑑於敵眾己寡，久戰對己不利，決意尋機速戰。怎麼才能速戰，大家都很傷腦筋。正在這時，周瑜部將黃蓋針對曹軍「連環船」的弱點，再根據當時的氣象條件，建議火攻，這一計策得到大家的讚許。孫劉聯軍經過商議，讓周瑜的部下黃蓋寫信給曹操，假意說要帶兵去投降，曹操半信半疑。為了讓曹操深信不疑，一天晚上，周瑜噼裡啪啦痛打黃蓋。鼻青臉腫的黃蓋帶著數 10 艘船隨即出發，順著東風由長江南岸向北急駛。前面 10 艘戰船裝滿了浸油的乾柴草，外邊圍著布幔，插上與曹操約定的旗幟，戰船的後面繫著載滿士兵的小船。曹軍眺望，確定來者是黃蓋，就放鬆了警惕。戒備鬆懈的曹軍爭相觀看黃蓋來降。離曹軍軍營較近時，黃蓋命 10 艘戰船同時點燃柴草，後邊的小船迅速揭開繫繩，離開戰船，向後退去。風猛火烈，著火的 10 艘戰船直衝曹軍連鎖的戰船，呼啦一下，頓時曹營一片火海，大火還迅速燃燒到岸上的營寨。曹軍一片混亂，人馬燒死淹死的很多。周瑜在戰船上看到曹營一片火海，馬上擊鼓前進，聯軍乘勢攻擊，水陸並進，追趕曹軍。曹軍傷亡慘重。

曹操深知已不能挽回敗局,便下令燒燬餘船,帶領殘部逃走。

八王之亂

西晉是三國兩晉南北朝時期唯一一個統一全國的朝代。可惜,西晉統一以後,統治集團迅速腐朽。第一代皇帝司馬炎駕崩之後,即位的是晉惠帝。晉惠帝智力低下,史稱「白痴」。正是因為他的無力統治,才造成了「八王之亂」。

那麼司馬炎最後為什麼要讓一個「白痴」做皇帝呢?有兩個傳說:一說因為晉惠帝的哥哥司馬軌很早就死了;二說第一代皇帝司馬炎為了將來傳位給他寵愛的聰明孫子愍懷太子司馬遹,所以才讓晉惠帝繼承大統。可見,司馬炎這樣做是無奈,也是計策。不管怎麼說,司馬炎面對天生智商低下的兒子很發愁,擔心晉惠帝司馬衷會丟了祖宗開創的家業。有一次,司馬炎為了測驗一下司馬衷(晉惠帝)的能力,親自出了幾道問題考考他,並限他 3 天之內交卷。司馬衷拿到考題以後,茫然無知,不作答,隨手放在一邊。他的妻子賈南風,是個很聰明的人,看到後馬上請來幾位有學問的老先生為司馬衷解答難題。

司馬炎看了答卷後,當然滿意,以為兒子的思維還是很清楚的,也就對兒子的能力放心了。

一個白痴治理國家，效果可想而知。這就為其他皇族奪權提供了機會和口實。所以晉惠帝即位不久，西晉的皇族紛紛起兵爭奪皇位，他們是汝南王司馬亮、楚王司馬瑋、趙王司馬倫、齊王司馬冏、長沙王司馬乂（一ˋ）、成都王司馬穎、河間王司馬顒、東海王司馬越八王。晉惠帝在「八王之亂」中被毒死。八王之亂持續時間長達 16 年。其持續時間之長，死亡人數之多，波及範圍之廣，引起戰亂之烈，造成後果之嚴重，對中國歷史影響之深，都是中國兩千多年封建歷史罕見的。這場中國歷史上空前的大內訌，從宮廷內權力鬥爭開始，而後引發全國各個階層的戰爭，禍及社會，對生產力造成了極大的破壞，也耗盡了西晉的國力，加劇了西晉的統治危機，成為西晉短命而亡的重要原因。

「八王之亂」是晉惠帝個人的悲哀，也是西晉司馬氏家族的悲哀，更是中國歷史的悲哀。

▍玄武門之變

唐朝的建立，是唐高祖李淵和幾個兒子多年征戰的結果。可唐朝建立後，唐高祖幾個能幹的兒子之間卻矛盾重重，達到了白熱化的程度。唐高祖即位以後，封長子李建成為太子，次子李世民為秦王，四子李元吉為齊王。三人之中，李世民的功勞最大。

　　李世民本人很優秀，有勇有謀。秦王府中文官有房玄齡、杜如晦等名臣；武將有尉遲敬德、秦叔寶、程咬金等勇將，可謂人才濟濟。太子建成因為自己功勞和威信都比不上李世民，就和弟弟元吉聯合，排擠陷害李世民，並想方設法除掉李世民。而李世民集團也對太子李建成並不讚賞，雙方勢力總是明爭暗鬥。

　　有一次，李建成邀請李世民到東宮喝酒。李世民出於禮節不得不前往。幾杯酒下肚，李世民忽感劇烈腹痛。回去後竟嘔出血來。李世民頓悟酒中被下了毒，就趕快請醫服藥，總算撿回一條命。

　　還有一次，李建成私下派人送了一封信給秦王李世民手下的勇將尉遲敬德，欲與尉遲敬德交好，還給他送去一車金銀細軟。尉遲敬德回信說：「我是秦王的部下。如果私下跟太子來往，就是對秦王三心二意，那我就成了個見利忘義的小人。這樣的小人對太子又有什麼價值呢？」說完，他又原封不動地退回了財物。

　　李建成、李元吉又生一計。趁突厥進犯中原之際，李建成向唐高祖建議，由元吉代替李世民帶兵北征，唐高祖應允。但元吉又請求把尉遲敬德、秦叔寶、程咬金三員大將和秦王府的精兵都劃歸自己指揮。他們意圖將這些精兵強將從李世民身邊調離，再去謀害李世民便可毫無障礙。

　　有人將此祕密計劃報告給了李世民。李世民忙找他大舅子長孫無忌和尉遲敬德共同商議應對方法。兩人都勸李世民為了取得有利形勢，就要先發制人。但是李世民還是下不了狠心，說：「兄弟骨肉相殘，是古往今來的大罪惡，說出去很丟人。我當然知道禍事即將來臨，還是等他們動了手，我們再來對付他們，我不想先挑起事端。」聽到李世民的話，兩人更著急了，乾脆說如果李世民再不動手，他們也不願留在秦王府白白等死。李世民見狀，便痛下決心與李建成、李元吉拚死一搏。

　　當天夜裡，李世民進宮向唐高祖告了一狀，訴說太子跟元吉如何謀害他及其部下的種種。唐高祖答應等明天一早，宣兄弟 3 人一起進宮，並親自查問此事。

　　第二天早上，李世民命長孫無忌和尉遲敬德帶精兵埋伏在皇宮北面的玄武門，等建成、元吉進宮。不多久，建成、元吉朝玄武門而來，當他們到達玄武門附近時，覺察到氣氛反常，立即警覺起來。兩人調轉馬頭，急欲返回。這時李世民從玄武門裡趕出來，高喊道：「殿下，別走！」元吉轉過身來，拿起弓箭欲射殺世民，但是由於忙亂驚慌，一連幾次箭都沒有射出。這邊李世民眼疾手快，一箭就把建成先射死了。接著，尉遲敬德帶了 70 名騎兵衝了出來，尉遲敬德上來一箭就把李元吉射下馬來。此時，李世民的馬受到驚嚇，

狂奔入玄武門旁的樹林，李世民從馬上摔下，倒在地上爬不起來。李元吉趕到，奪過弓準備勒死李世民。這時尉遲敬德奔來大聲喝止住他。李元吉只得放開李世民，想逃入武德殿尋求李淵庇護，但尉遲敬德隨即放箭將他射死了。東宮和齊王府的將士聽說玄武門出了事，紛紛出來與秦王府的士兵對戰。李世民指揮將士抵抗的同時，又吩咐尉遲敬德進宮。唐高祖正在皇宮坐等三子覲見，卻見尉遲敬德身披戰甲，手持兵器沖進宮來，說：「太子和齊王發動叛亂，秦王已經把他們殺了。秦王怕驚動陛下，特地派我來保駕。」高祖這時才知道門外發生的動亂，驚嚇過度，不知如何是好。這時，宰相蕭瑀等人趁機說道：「建成、元吉本來就沒有什麼功勞，還妒忌秦王，幾次對秦王及其身邊人下毒手，太過分了。現在秦王已經把他們剷除，這是好事。陛下年事已高，不如把國事交給秦王，這樣，一切就安定了。」事已至此，唐高祖心如明鏡，接受了大臣的建議，宣布建成、元吉罪狀，命令各府將士一律歸秦王指揮。兩個月後，唐高祖直接讓位給秦王，自己做太上皇。李世民即位，為唐太宗。

從上述過程看，發動玄武門之變是李世民在被迫情況下的無奈之舉，卻成了李世民一生的陰影，揮之不去。

古往今來，大多數歷史學家對李世民發動玄武門之變持理解甚至贊同的態度。有人說：「我們應該慶幸李世民奪嫡

成功，因為李世民為中國帶來名垂千古的『貞觀之治』，成為治世的典範。」

也有人說：玄武門那場唐太宗一生中最艱危的苦鬥，對他本人來說，絕不是可以向後世誇耀的愉快記憶……李世民和他父親這一段不愉快的往事，怎能讓李世民那顆受傷的心完全遺忘！

▌和同為一家

唐朝時期，中國統一的多民族國家得到空前發展。國家幅員遼闊，民族眾多。有的民族雖然建立地方政權，但與中原王朝一直保持著密切的關係。

吐蕃人是藏族祖先，很早就生活在青藏高原一帶。他們有的從事畜牧業；有的以農耕為生，種植青稞、小麥和蕎麥。吐蕃人習俗以戰死為榮，一家幾代人連續戰死，被看作「榮譽甲門」。7 世紀前期，吐蕃傑出的贊普（吐蕃對王的稱呼）松贊干布統一了青藏高原，定都邏些（今拉薩）。為鞏固統治，發展豐富吐蕃文化，促進吐蕃社會的進步，他仿照唐朝的官制，設置各級官府，建立了嚴密的軍事組織，制定了嚴酷的法律，還命人創製了吐蕃文字。

松贊干布既有雄才大略又有遠見卓識，仰慕中原文明。貞觀時期，他幾次向唐朝求婚。唐太宗決定把文成公主嫁給

他。松贊干布自豪地說：「我父祖沒有和上國通婚，而我能娶大唐公主，深感榮幸。」文成公主經過長途跋涉風吹日晒到達拉薩時，吐蕃人民身著節日盛裝，迎接這位遠道而來的公主。

文成公主與松贊干布

　　文成公主是個博學多才、有見識的女子。她遠嫁吐蕃，帶去了書籍、穀物、蔬菜種子，還帶去大批手工業工匠。從此，吐蕃人學會了平整土地，種植蔬菜，養蠶繅絲，紡織刺繡；學會了使用中原的曆法；學會了飲茶習俗。松贊干布也改穿唐人服裝；派遣貴族子弟到長安入太學學習詩書，聘請唐朝文士執掌與唐往來的文書。很多到達長安學習的吐蕃人取得了較大的成就。今天拉薩市內的大昭寺，當初是文成公主設計的，基址也是文成公主選定的。參加建設的工匠，除了當地的以外，還有文成公主從內地帶來的，也有尼泊爾公主招來的。大昭寺的設計，既有中原的風格，又有印度、尼

泊爾的特點，是中外建築藝術的糅合，是建築史上的瑰寶，深受藏民喜愛。

布達拉宮圖

　　8世紀初，唐中宗又將金城公主嫁給吐蕃贊普尺帶珠丹。尺帶珠丹上書給唐朝皇帝的書信這樣說：「外甥是先皇帝舅宿親，又蒙降金城公主，遂和同為一家。天下百姓，普皆安樂。」意思是：松贊干布與文成公主成婚，唐朝皇帝是我尺帶珠丹的舅家，是老親戚。今天，我蒙受皇恩娶金城公主，所以，我們是一家人。天下百姓，都以此為榮。9世紀，唐穆宗長慶年間，唐朝與吐蕃會盟於長安西郊，雙方重申「和同為一家」的舅甥親誼，史稱「長慶會盟」，亦稱「甥舅和盟」。盟約裡說：雙方世世代代「患難相恤，暴掠

不作」。在拉薩設立的唐蕃會盟碑，至今仍屹立在大昭寺門前，這是漢藏兩族人民友好往來的物證。

▎鑑真東渡

　　唐朝時期，對外交往比較活躍，與亞洲、非洲、歐洲的一些國家都有往來。其中，中日兩國交往最密切。唐朝時期，日本派往中國的遣唐使有 10 多批，跟隨而來的有留學生和留學僧等。使節團規模很大，少則 200 人，多則 5、600 人。日本遣唐使回國後，以唐朝的制度為模式，進行政治改革；參照漢字，創製了日本文字；在社會生活中保留著唐朝人的某些風尚。

　　唐朝時，赴日本的使者和僧人也不少，其中影響力最大的是高僧鑑真。鑑真俗姓淳於，江陽（今江蘇揚州）人。鑑真 55 歲時，日本學問僧邀請鑑真等人東遊日本。鑑真當時就說：「是為法事也，何惜身命？」意思是為了弘法傳道，我怎能在乎身家性命？於是毅然前往。從唐玄宗天寶年間開始，鑑真 5 次「東渡」。或由於官府阻撓，或由於浪擊船沉等原因，這 5 次東渡均未獲成功。在第 5 次東渡時他雙眼染病失明，但他意志彌堅，發誓說：「為傳戒律，發願過海。不至日本國，本願不遂。」66 歲時，鑑真一行 24 人再次揚帆東去，終於登上日本國土。鑑真率弟子普照、思托等仿

揚州大明寺格局在奈良精心設計修建了唐招提寺，佛殿造型優美別緻，保存至今，被日本視為藝術明珠，對日本建築藝術有重要影響；鑑真還把律宗傳至日本，成為日本律宗的鼻祖；他還精通醫學，憑嗅覺辨草藥，為人治病。他留下一卷《鑑上人祕示》的醫書，對日本醫藥學的發展做出了貢獻。他還將中國佛經印刷品和書法碑帖帶到日本，對日本的印刷術、書法藝術都產生很大影響。

鑑真東渡圖

　鑑真東渡對日本文化的各個方面影響重大而深遠，日本人民稱鑑真為「盲聖」、「日本醫學之祖」、「日本文化的恩人」等，充分表達了日本人民對鑑真崇敬、膜拜之情。763年，鑑真在日本招提寺內圓寂，寺內至今還保留著鑑真的坐像，成為日本的國寶。鑑真在日本10年，辛勤不懈地傳播唐朝文化，對中日文化交流做出了重大貢獻。

玄奘西遊

到了明朝，小說家吳承恩在民間傳說的基礎上，寫成長篇小說《西遊記》。《西遊記》中，唐僧師徒四人到西天求取真經的故事家喻戶曉，故事的主角之一唐僧的原型是唐朝人陳褘，法名玄奘。

玄奘從小好學。青年時期，他在長安、成都等地追訪有名的佛學大師，鑽研佛經。可是佛教宗派眾多，佛經的譯文常常出錯，解釋的經義往往互有矛盾。隨著鑽研的逐步加深，他發現的問題也越來越多。特別是有些疑難問題，眾說紛紜，很難有定論。玄奘決心親自到佛教發源地天竺（今印度半島）去遊學，把問題研究個水落石出。

貞觀初年，玄奘從長安出發，單槍匹馬踏上了西行的征途。一路上，只有一堆堆白骨和駝馬糞當路標，引導前進。雖然一路困難重重，歷經 800 里流沙、終年積雪的凌山等險惡環境，但玄奘發誓不到天竺，誓不罷休。他憑著堅強的毅力，懷抱偉大的理想，經過一年的跋山涉水，終於進入了天竺。他在那裡遍訪有名的佛教寺院，並在佛學最高學府那爛陀寺遊學。在這裡，他得到了已 90 多歲高齡的高僧戒賢法師的賞識。戒賢法師為他親自講課，還安排他為全體僧眾講授佛經。

西安大雁塔

有一次，天竺最有威望的戒日王，正在都城舉行規模盛大的佛學辯論會。到會的人員有國王以及高僧等各界人士，總共不下10,000人，盛況空前。在這次盛會上擔任主講人的正是玄奘。盛會上，玄奘宣讀了他用梵文寫的佛學論文，就其觀點進行了具體闡釋。大家都折服於他精闢的論述。會期18天中，沒人能駁倒他的論點。大會結束日，戒日王送給他大量的金銀財物，還按照天竺的風俗，請他坐上一頭裝飾華麗的大象，繞場一週。陪同護衛者高呼：「東方支那（中國）來的法師闡釋的佛經，破除異端邪說，18天來，無人能敵。」群眾歡呼雀躍，共同慶祝。玄奘盡享印度人民對他的讚頌，這也使得他在印度有了極高的聲譽。

貞觀後期，在西遊17年後，玄奘辭別了友好的戒日王和天竺人民，攜帶大量佛經回到長安。「玄奘回來了！」「玄奘回來了！」人們奔走相告，互相傳遞著這個讓人興奮的消息。玄奘從印度帶回的佛經佛像等被陳列在長安的朱雀大街南端，供人們觀賞。玄奘的歸來，轟動一時。唐太宗聽聞玄奘西遊歸來，在洛陽親自召見了他。玄奘敘述了一路的見

聞和西域的風土人情。唐太宗要求他把曲折有趣的旅途見聞
記錄下來。從而形成了由玄奘口述、其徒弟辯機撰寫的名
著——《大唐西域記》。此書中記載了玄奘遊歷的 110 個國
家的山川、城邑、物產、風俗，成為研究中亞、印度半島以
及中國新疆地區歷史和佛學的重要典籍。

　　長安大慈恩寺內的翻經院是專供玄奘和徒弟們翻譯佛經
的場所。大雁塔是收藏佛經的地方。

▎安史之亂

　　安史之亂發生於西元 755 年至 763 年，發動者是安祿山
與史思明。他們企圖爭奪唐朝最高統治權，這場叛亂歷經 8
年，經三代皇帝才平定。安史之亂是唐由盛而衰的轉折點，
也是造成唐代後期藩鎮割據局面出現的原因。由於這一戰亂
爆發於唐玄宗天寶年間，故又稱「天寶之亂」。

　　經歷了唐太宗的「貞觀之治」、武則天的「治宏貞觀，
政啟開元」及唐玄宗統治前期的「開元盛世」後，唐代已然
國泰民安，並在開元年間達到鼎盛時期。唐玄宗統治後期，
由於社會太平很久，國家無戰事，這使他喪失了向上求治的
精神。唐玄宗改元天寶後，政治癒加腐敗。他仍耽於享樂，
寵幸楊貴妃，重用奸臣李林甫、楊國忠，不理朝政大事。

　　西元 751 年，安祿山兼任范陽、平盧、河東三鎮節度

使，統領邊兵近 20 萬，日益驕橫。他還認楊貴妃為乾娘，經常出入朝廷，親眼看到唐朝武備鬆弛，遂萌生篡奪最高權位的謀反之心。755 年，安祿山夥同部將史思明，率領號稱的 20 萬大軍，於范陽（治所在今北京西南）造反，安史之亂爆發。唐玄宗聞訊，當即調兵遣將，進行回擊。但由於楊國忠的胡亂干預，唐軍兵敗靈寶，潼關失守，叛軍直逼長安。唐玄宗帶著楊貴妃、楊國忠兄妹及部分大臣、皇子，連同禁軍將士 1000 多人倉皇逃跑，向蜀地逃竄。逃至馬嵬驛（在今陝西興平境內），禁軍譁變，殺死宰相楊國忠，又要求唐玄宗殺死楊貴妃。唐玄宗被逼無奈，只好讓高力士賜楊貴妃縊死。同時，太子李亨在部分大臣的擁戴下，北上靈武（今寧夏吳忠西南），即帝位，是為唐肅宗。肅宗親率大軍與大將郭子儀和李光弼對叛軍開展大規模的反攻。期間，肅宗死，太子李豫即位，是為唐代宗。唐代宗用將得當，加之叛軍已是強弩之末，最後唐軍戰勝了叛軍，長達 8 年之久的安史之亂平息。

▎岳飛抗金

中國古代的兩宋，都不是統一全國的政權，與之並存的還有很多少數民族政權，其中著名的有遼、西夏、金等。12 世紀初期，中國東北松花江流域的女真族傑出首領阿骨打

稱帝，建立金國。金先後滅掉遼國和北宋。北宋宗族趙構在
北宋滅亡那一年稱帝，即宋高宗，建立南宋，後來定都臨安
（今浙江杭州）。南宋初年，金軍幾次南下。高宗和他的父兄
一樣，懦弱無能，苟且偷安。他只知南逃，不敢抵抗，甚至
一度乘船入海，不敢登陸。金軍南進，給人民帶來深重的災
難，一些主戰派將領，堅決抗擊金兵。如韓世忠、岳飛、吳
麟、劉琦等，他們在各地抗擊金兵，打了許多漂亮的戰役，
收復了部分失地。在南宋的抗金將領中，岳飛的抗戰態度最
堅決、功績最大，但其結局也最悲慘。

岳飛像

　　岳飛出身於農民家庭，在抗金的戰火中很快鍛鍊成長為一名優秀的將領。岳飛一生廉潔自律，心懷天下。有人問他：「何時天下才能太平？」岳飛說：「文臣不愛錢，武臣不怕死，天下便可太平！」他的部隊，紀律嚴明，「凍死不拆屋，餓死不擄掠」，老百姓稱之「岳家軍」。「岳家軍」作戰勇敢，成了南宋抗金鬥爭的中流砥柱。金軍很懼怕他們，軍中流傳著一句話：「撼山易，撼岳家軍難！」

　　西元 1140 年，金兀朮率精兵 15,000 人向岳家軍指揮中心郾城（今屬河南）發動進攻。岳飛命其子岳雲率輕騎進攻敵陣。金軍則出動重鎧騎兵「鐵浮屠」（古人因稱佛教徒為浮屠。佛教為浮屠道。後並稱佛塔為浮屠，這裡指一種陣式），做正面進攻。另以騎兵為左右翼，號稱「拐子馬」（即倒品字陣式）配合作戰。岳飛隨即派遣背嵬親軍和游奕軍迎戰，並派步兵持刀斧上陣，上砍敵兵，下砍馬腿，扼制住了重騎兵發揮威力。雙方從下午激戰到天黑，宋軍大獲全勝，追殺金軍幾十里，收復了許多失地。這時黃河南北的眾多義兵，都來響應岳飛的北伐，其他各路宋兵也轉入局部反擊，抗金陣營呈現一派大好形勢。當時岳飛豪邁地說：「乘勝追擊，直搗黃龍府（金軍的老巢），與諸君痛飲爾！」

　　宋高宗和秦檜因為擔心不斷壯大的抗金力量會威脅他們的統治，竟然命令岳飛班師回朝！岳飛手捧寶刀，痛惜

杭州棲霞嶺的岳飛墓

地說：「十年之功，廢於一旦！」

在岳飛被強令班師後，宋高宗、秦檜為了掃清向金人議和的障礙，先後解除了岳飛、韓世忠等大將的兵權，然後和金祕密勾結。金兀朮擔心岳飛反對和議，派人授意秦檜殺害岳飛。宋高宗和秦檜見有望和議，擔心留著岳飛成為障礙，於是便以「謀反罪」將岳飛父子及部將張憲逮捕入獄。抗金將領韓世忠去質問秦檜關於岳飛謀反的證據，秦檜拿不出證據，竟無恥地說道：「莫須有。」韓世忠憤怒地回道：「莫須有」三字何以服天下！和金達成「紹興和議」之後，秦檜秉承宋高宗的旨意，夥同王氏、万俟卨（ㄒㄧㄝˋ）和張俊殺害了岳飛父子及張憲。岳飛時年 39 歲，臨刑前他在獄案上揮筆寫下「天日昭昭，天日昭昭」八個大字，以示對投降派的最後抗議。

岳飛被害以後，有個獄卒隗順冒著生命危險，偷偷地把他的遺骨埋在杭州錢塘江門外九曲叢祠旁。

宋高宗死後，南宋統治者為岳飛平反昭雪，用一品禮儀將其遺骸改葬在西湖邊棲霞嶺上，追封他為鄂王。後歷朝歷代都對岳飛墓進行過重修。重修後的岳飛墓前建有墓門，門前照壁上嵌著明人書寫的「精忠報國」四個大字。在岳廟大殿裡，屹立著全身戎裝的岳飛塑像，塑像上方的匾額上，刻著岳飛親筆題寫的「還我河山」四個大字。在岳飛墓門對面，還立著殺害岳飛的兇手人像，分別是秦檜、他的妻子王氏、万俟卨和張俊，四個人反剪雙手跪向墓的方向，這反映了人民對賣國賊的憎恨。墓門上對聯寫道：「青山有幸埋忠骨，白鐵無辜鑄佞臣。」

岳飛抗金是反對女真貴族對南宋人民的擄掠殘殺，體現了南宋人民的堅定意志和追求自由生活不願被奴役的氣節，同時也體現了岳飛救國家於危難的英雄氣節。

戚繼光抗倭

戚繼光是山東蓬萊人，出身將門，刻苦好學，深明大義，並且練就一身高強武藝。他 17 歲繼承父職，曾寫下了這樣的詩句：「封侯非我意，但願海波平。」反映了他憂國憂民、願為家國貢獻的理想抱負。後來他又考中武舉，負責山東的防倭事務。他再次賦詩明志：「遙知夷島浮天際，未敢忘危負年華。」意思是想起遙遠的日本，但我不敢忘記它給

我們帶來的危害，從而辜負了自己的大好年華。

元末明初，日本的武士（日本的中小封建主，受大封建主的控制，最後成為大封建主的侍衛）、商人和海盜，常騷擾中國沿海地區，沿海居民把他們稱為「倭寇」。

明朝中期，東南沿海防衛鬆弛，一些地方貪官、惡霸、奸商等，紛紛勾結倭寇。倭寇乘機侵犯，在浙江、福建、廣東沿海肆意燒殺搶掠，倭患空前嚴重。為此，明政府將抗倭將領戚繼光從山東沿海調到江浙沿海抗倭。戚繼光一到浙江就與俞大猷一起抗倭，三戰三捷。但戚繼光發現原來的明軍軍紀不夠嚴明，訓練不精，士氣萎靡，素質太低。於是，他決心訓練一支新的、紀律嚴明、訓練有素的軍隊。他親自到浙江義烏招募新兵。他不收那些偷奸耍滑、貪生怕死的人，而從農民和礦工中精選了 3,000 吃苦耐勞、強壯靈活的人，組成了一支全新的軍隊。經過戚繼光的嚴格科學的訓練，短短幾個月，這支隊伍便成為一支作風頑強、紀律嚴明、英勇善戰、訓練有素、武器精良的部隊。倭寇稱戚繼光為「戚老虎」，老百姓稱這支隊伍為「戚家軍」「仁者之師」。

戚繼光率領「戚家軍」開赴臺州（今浙江臨海），清剿流竄於臺州的倭寇。有一次，戚繼光率領部隊將倭寇驅逐到太平（今浙江溫嶺）的南灣。倭寇占據在海岸邊的高山上垂死掙扎，向戚家軍不斷投來如雨點般的箭和石頭。戚繼光

沉著地想著對敵良策。突然，他對弟弟戚繼美大聲說：「有了！」並示意他的弟弟像他一樣拿起弓箭。兩人拿起弓箭，沉著地拉弓射箭，正好射中兩個倭寇頭目。其他倭寇見狀頓時被嚇住，不斷向後退縮。戚家軍便高聲吶喊著沖上山頂。倭寇只好向海邊退去，最後這些倭寇不是被殺死，就是掉進海裡淹死。戚家軍在人民群眾的大力支持下，一路打了許多硬仗，9戰9捷，迅速蕩平了浙江的倭寇。

戚繼光抗倭的光輝業績已被載入史冊。

▍鄭和下西洋

鄭和，姓馬，小名三保，回族人。其祖父、父親都曾由海路到過阿拉伯，朝拜過伊斯蘭聖地天方（麥加）。由於受到家庭的薰陶，鄭和從小就練就了吃苦耐勞的精神。後來入宮當宦官，被派往燕王（後來的明成祖）府當差。燕王發動靖難之役，他隨燕王朱棣衝鋒陷陣，屢建奇功。明成祖即位後，提升鄭和為內宮太監的首領，賜姓鄭。

明初經過幾十年的發展，社會經濟繁榮，國家實力增強，成為世界上最強盛的國家。在這個形勢下，雄才大略的明成祖產生了派遣使團出海，與西洋（指今文萊以西的東南亞和印度洋沿岸地區）各國互通貿易、宣揚國威的想法。另外，他從私人角度考慮，希望能夠透過遣使遠航尋找在靖難

之役中失蹤的建文帝。鄭和就成為明成祖心中能夠擔當這一大任的最合適人選。

　　經過幾年時間的籌備，以鄭和為欽差使臣的船隊終於建成。這個船隊擁有當時世界上第一流的海船，懂得當時世界上最先進的航海技術，各類人員齊全，共 27,800 多人。西元 1405 年，龐大的船隊駛離劉家港（今江蘇太倉），出長江口南下，浩浩蕩蕩地行駛在浩瀚的大海上。鄭和在描述船隊遠航的情景時說：「觀夫海洋，洪濤接天，巨浪如山……而我之雲帆高張，晝夜星馳，涉波狂瀾，若履（行走）通衢（寬廣的大道）……」

　　從西元 1405 年到 1433 年，鄭和船隊前後 7 次下西洋。每到一地，他們先會見當地的國王、首領，贈送禮品，表達通好的願望。接著，同當地的官員和商人開展貿易。他們到達各國，大都受到熱烈歡迎。所帶的絲綢和瓷器最受當地人喜愛。他們也從各國換來當地的特產與珍禽異獸，如象牙、寶石、胡椒、硫黃以及獅子、鴕鳥、長頸鹿、金錢豹等。每當船隊返航時，很多國家的國王和使臣會偕同船隊一起前來中國訪問。鄭和的遠航，促進了中國和亞非各國的經濟文化交流。

　　當然，這幾次遠航也遇到很多困難，甚至有些困難是難以想像的。如遠洋航行，前無古人，沒有經驗可以借鑑。遠

洋航行怎麼操作？每到一個地方首先要了解當地習俗，語言不通如何交流？特別是遇到海盜，怎麼應付？透過不懈的努力，這些困難都一一得到克服。有一次，當船隊途經馬六甲海峽時，遇到一夥海盜。海盜的首領是個叫陳祖義的廣東人。據說明太祖年間，他就糾集一幫人，猖獗地橫行於海上。他們搶劫過往的商船，無惡不作。據鄭和偵察，海盜陳祖義想乘機搶劫鄭和船隊，於是鄭和下決心借此機會消滅他們。鄭和先來個文的，寫信希望陳祖義投降。陳祖義表面答應，暗地裡卻準備乘黑夜偷襲寶船。但鄭和早得到密報，就給陳祖義來個武的。當海盜船進入鄭和他們的包圍圈後，鄭和船隊的大船桅杆上高高升起一盞盞紅燈，把海面照得燈火通明。海盜們驚慌失措，被鄭和船隊包圍，在很短的時間內就被全部殲滅。鄭和乘勝追擊，把陳祖義的老巢也端掉了。

西元 1430 年，鄭和第 7 次遠航。已是花甲之年的鄭和，老當益壯，毅然擔起出海遠航的重任。可惜的是，此次遠航歸來不久後鄭和便去世了。鄭和 7 次下西洋，到達亞非 30 多個國家和地區，最遠到達紅海沿岸和非洲東海岸，比歐洲航海家開闢新航路早半個多世紀。鄭和是中國乃至世界歷史上偉大的航海家。至今亞非的許多國家和地區還保留著不少和鄭和遠航有關的遺蹟，如泰國的「三寶廟」、印度古裡的紀念碑、爪哇的「三寶壟」等。

▎金瓶掣簽

　　元朝是中國歷史上第一個由少數民族建立的統一全國的朝代，疆域空前遼闊。為加強對西藏的管轄，元政府在中央設宣政院，負責管理藏族地區的行政事務。

　　清朝時加強了對西藏的管理力度，主要措施有三條：確立冊封達賴和班禪（他們是西藏佛教首領）的制度，設立駐藏大臣（代表中央政府，與達賴、班禪共同管理西藏事務），確立金瓶掣簽制度。

清政府頒賜的金瓶

　　為使西藏長治久安，乾隆皇帝派人與達賴、班禪的僧俗要員商議，制定出《欽定二十九條章程》。該章程使清王朝治理西藏的制度更加完善，得到西藏上層由衷的擁護。《欽定二十九條章程》第一條就立下了金瓶掣簽制度。這一制

度分三步進行。第一步，尋找轉世靈童。西藏的佛教規定，與達賴或班禪圓寂（佛教對僧尼死亡的一種美稱）同一時刻出生的民間嬰兒為轉世靈童。第二步，金瓶掣籤。即用滿、漢、藏三種文字將找到的轉世靈童的名字及出生年月寫在象牙籤牌上，再裝入瓶內，由駐藏大臣監督掣籤確定。達賴或班禪以其轉世靈童作為繼承人。如果找到的靈童僅有一名，亦須將一個有靈童名字的籤牌，和一個沒有名字的籤牌，共同放置瓶內。假若抽出沒有名字的籤牌，就不能認定已尋得的兒童，而需要去另外尋找。第三步，坐床。西藏的佛教規定，達賴、班禪的轉世靈童，必須經過升座儀式，這種儀式叫做「坐床」。「坐床」後的轉世靈童，由駐藏大臣報請朝廷批准，才能成為真正的繼承人。

金瓶掣籤（又稱為金瓶鑑別）是藏族認定藏傳佛教最高等大活佛轉世靈童的方式，是清王朝乾隆年間正式設立的制度。自此以來，藏傳佛教活佛達賴和班禪轉世靈童需在中央代表監督下，經金瓶掣籤認定。

金瓶設立了兩個，一個放在北京雍和宮，專供蒙古地區大活佛轉世靈童掣籤用。另一個置放在拉薩大昭寺，專門供西藏、青海等地掣籤訂大活佛轉世靈童。

第四章　歷史故事

第五章　地理文獻

《山海經》

《山海經》是中國上古時期一部有關地理、山川、歷史、神話、宗教等知識的百科全書式著作,具有很高的文獻價值。全書現存 18 篇,其中《共藏山經》5 篇、《海外經》四篇、《海內經》5 篇、《大荒經》4 篇。分為《山經》、《海經》2 大類,其中最具有地理價值的部分為《山經》(又稱《五藏山經》)。全書 30,000 餘字,被稱為「史地之權輿,神話之淵府」(袁珂語)。

該書成書年代久遠,後人理解難度甚大,以致疑竇叢生,對它的徹底破解尚需時日,有待後來人。

該書作者不詳,至今未有定論,古人認為該書是「戰國好奇之士取《穆王傳》,雜錄〈莊〉、〈列〉、〈離騷〉、〈周書〉、〈晉乘〉以成者」。當代學者袁軻認為,《山海經》不是一時一人所作。

《山海經》圖

　　《山海經》內容包含廣泛，它雖然不是專門的地理學著作，但其主要內容蘊藏著豐富的地理學寶貴資料，其地理學內涵是居於首位的。該書從多個方面有秩序、有條理地記錄了各地的自然地理特徵和人文地理特徵。自然地理特徵包括記載了眾多的山川、水文、物產、動物、植物、礦藏，其中書中記載了約 550 座山，300 條水道，300 餘處礦物產地，7、80 種有用礦物，並將其分為金、玉、石、土 4 類。人文地理特徵包括記載了當時的一些區域的社會經濟發展、科技成就、風俗文化等。書中還有許多關於先民對於疆域的開發的記述。因其書中自然地理和人文地理的記述，有學者據此認為：《山海經》是中國第一部地理志。

　　明清以前更早的《山海經》版本還附有古圖，由於種種原因，這些古圖畫早已失傳了。現在我們所看到的附圖絕大多數都是選用明清學者《山海經》版本的附圖。

▎《尚書·禹貢》

　　《禹貢》是中國最早的一部歷史文獻《尚書》中的一篇，是中國最早的自然和區域地理學著作。

　　該書作者不詳，著作時代尚無確切定論。不過，多數學者認為它是戰國時期的作品。

　　禹，又稱大禹，是中國古代最早的王朝 —— 夏朝的開國

君主。貢，有兩種不同理解。傳統上認為，貢即貢法，書名《禹貢》即是說，在大禹治理洪水後制定的貢賦之法。還有一種說法，認為貢就是「功」的意思，《禹貢》是記述禹疏瀹洪水、重整河山之功，而貢賦所占文字比重不過1/4左右。

《禹貢》是在上古時期生產力水平低下、巫覡降神的風尚盛行的歷史條件下撰寫的。《禹貢》樸實地記述了全國各區域內各種地理現象，對於早期著作中包含的許多神祕思想觀念有了新的突破，成為中國早期區域地理研究的範例，唐宋以來眾多地理著作多以此書為援引對象，今人研究中國歷史地理也以此為重要參考文獻。

《禹貢》全書由九州、導山、導水、水功和五服5個部分組成。與《山海經》相比，《禹貢》更富於科學性。它最先採用區域研究的方法，以山脈、河流等作為自然地理實體的標誌，將全國區域劃分為9部分，即冀、兗、青、徐、揚、荊、豫、梁、雍等九州，並對每個州的自然和人文地理現象進行了簡要的描述。《禹貢》中所描述的當時中國地理區域包含長江、黃河中下游以及長江黃河之間的平原和山東半島，西達包含山西、陝西中南部的渭水和漢水的上游。

《禹貢》是中國古代地理著作的開山之作，是研究上古時期地理狀況最重要的文獻資料，對地理學發展具有重要影響。

▍《漢書・地理志》

　　《漢書・地理志》是中國東漢時期史學家班固所著《漢書》中的一部分，是中國正史中的第一部地理志。其內容包括西漢及之前中國疆域及政區的劃分及消長演變情況。班固透過對地理和歷史的探究，按風俗和經濟特點劃分不同地域，描述了各個地域的範圍、地理、民生、歷史、風俗和特點，以及中外交通和交流的情況。它開創了以疆域政區為綱領來記述當代地理情況的正史地理志體例，是中國最早以「地理」為書名的著作。

　　《漢書・地理志》共上、下 2 分卷，可分為 3 部分。第一部分簡述了黃帝之後至西漢以前歷代總的疆域變遷；第二部分是全書的主體，以西漢的政區郡縣為綱詳細地介紹了西漢各地的山川、湖沼、水利、物產、民俗以及戶口的沿革等情況；第三部分簡單地描述了秦漢以來中國與東南亞一些國家和地區的關係和海上交通情況。全書重點是第二部分的「風俗」內容，作者透過對地理與政治關係的分析，諷諫統治者應關注各地風俗，從地理實際出發實施其政。

　　《漢書・地理志》對中國地理學的發展產生了較大影響。班固所開創的疆域地理志體例被後世的正史地理志所仿效，成為歷代正史地理志的典範。它開闢了一門沿革地理研究的先河，促進了後世沿革地理學的蓬勃發展。從《漢書・地理

志》開始，形成了古代地理學體系，這對於創立具有現代科學意義的歷史地理學也具有重大影響。

《漢書·地理志》作為中國疆域政區沿革研究的基礎，成為後學者研究中國疆域政區的重要參考資料，它也是中國疆域地理和漢代地理研究的必讀書目。

《水經注》

《水經注》是中國古代一部具有重大科學價值的傑出的地理著作。該書作者是北魏晚期的地理學家、散文家酈道元。

《水經注》因注《水經》而得名。《水經》全書約一萬餘字，是中國第一部專門研究河道水系的專著，書中列舉大小河道 137 條，文字相當簡略。酈道元透過親自調查研究和實地考察，尋訪古蹟，追本溯源，為《水經》作注，豐富了《水經》的內容，使《水經》的內容更詳盡，更符合實際。據統計，酈道元前後共參考了 437 種書籍，才最終完成了《水經注》這一地理巨著的寫作。《水經注》表面是為《水經》做註解，實際上是在《水經》基礎上比原著豐富得多的再度創作。文字內容上，《水經注》共 40 卷，30 多萬字，比《水經》文字增加了 20 多倍；記載的河流水道，《水經注》比《水經》增加了近千條。在寫作體例上，該書以水道

為綱，詳細記錄各地地理狀況，開創了古代綜合地理著作的一種新形式，使其成為中國古代最系統、最全面的綜合性地理著作，對中國地理學的發展做出了重要貢獻，在中國甚至世界地理學史上都具有重要地位。

《水經注》書影

《水經注》內容包括了自然地理和人文地理的各個方面。在自然地理方面，所記大小河流有 1,252 條，湖泊、沼澤 500 餘處，泉水和井等地下水近 300 處，伏流有 30 餘處，瀑布 60 多處，各種地貌近 2,000 處。在植物地理方面，記錄了 140 餘種植物品種；在動物地理方面，記錄了 100 多類動物。在人文地理方面，記錄了兩岸的城邑山陵、珍物異事、掌故舊聞、風土人情、農田水利建設等，還記錄了 2,800 座縣級城市和其他城邑。《水經注》所記載的一些政區建置往往可以補充正史地理志的不足。在兵要地理方面，記錄了不

下 300 次的戰役，很多戰役生動說明了利用地形、熟悉地理的重要性；在交通地理方面，包括陸路、水運交通，其中記載津渡近 100 處，記載橋梁 100 座左右；在經濟地理方面，記錄了大量農田水利資料。

《水經注》內容豐富，價值甚高。在地理方面，我們可以利用它來研究古代水道變遷、湖泊湮廢、地下水開發、海岸變遷、城市規劃、歷史時期氣候變化等諸多課題。

《水經注》是中國北魏以前的古代地理總結，由於書中所引用的大量珍貴文獻很多早已失傳，所以《水經注》保存的許多資料，對研究中國古代的地理、歷史有很高的參考價值，可以校正或輯佚一些古籍。

《華陽國志》

《華陽國志》又稱《華陽國記》，由東晉人常璩撰於晉穆帝永和四年至永和十年（西元 348 － 354 年）。該書記錄了中國古代西南地區的地理、歷史、人物等內容，是宋代以前流傳至今的最早的一部地方志。全書將地理、歷史、人物三者有機結合，開創了地方史志編寫的新體例。此書內容豐富，考證詳明而真實，在很多方面都留下了寶貴的可靠史料，是研究中國古代西南少數民族史和西南地方史以及成漢、蜀漢史的重要史料。

　　該書記錄區域為晉代梁、益、寧三州（今四川、陝西漢中及雲南部分地區）。全志約 11 萬餘字，共 12 卷。全書篇目依次分為巴志、漢中志、蜀志、南中志、公孫述、劉二牧志、劉先主志、劉後主志、大同志、李特、李雄、李期、李壽、李勢志、先賢士女總贊、後賢志、序志並士女目錄等。

　　該書記錄了從遠古到東晉永和 3 年期間以益州為中心的中國西南地區的地理和歷史。內容大體由三部分組成：第一部分，1 至 4 卷主要記載巴、蜀、漢中、南中各郡的歷史、地理；第二部分，5 至 9 卷記述了西漢末年到東漢初年割據巴蜀的公孫述、劉焉劉璋父子、劉備劉禪父子和李氏成漢 4 個割據政權以及西晉統一時期的歷史；第三部分的第 10 卷至第 12 卷記載了梁、益、寧三州從西漢到東晉初年的「賢士列女」。

　　劉琳在《華陽國志校注‧前言》裡指出：「從內容來說，是歷史、地理、人物三結合；從體裁來說，是地理志、編年史、人物傳三結合。」常璩這種將眾多方面綜合在一部書中敘述的方式，從內容和體例上都具備了方志的特點，但又不同於傳統方志偏重於記錄某一區域的特點，這種區別正是《華陽國志》在中國方志史上的開創，並使其成為宋代以來方志之鼻祖。

《洛陽伽藍記》

《洛陽伽（くーせˊ）藍記》簡稱《伽藍記》，是記述北魏洛陽伽藍（佛寺）的地理著作。作者是北魏人楊衒之。北魏遷都鄴城十餘年後，作者重遊故都洛陽，觀佛寺盛衰，感慨傷懷，故寄故國哀思，著成此書。該書以北魏佛教的盛衰為線索，以洛陽城的幾十座寺廟為綱領，以寺廟為綱維，先寫立寺人、地理方位及建築風格，再寫相關人物、史事、傳說、逸聞等，《四庫全書》將其列入史部地理類。書名中「伽藍」，來源於梵語「僧伽藍摩」簡稱，原意是指寺院。

全書共 5 卷，作者按地域分別敘述，把洛陽相應地分為城內、城東、城西、城南、城北五部分。其體例為先寫立寺人、地理方位及建築風格，再寫相關人、事、軼聞傳說等，透過對佛寺規模和興廢的描寫，反映當時政治經濟背景和社會風土人情。書中敘述洛陽的建築，體例清晰，井然有序，是北魏洛陽城市規劃、建築和園林藝術研究的重要參考資料。其內容非常豐富，主要是記錄洛陽城的伽藍（佛寺），同時也記敘了當時的地理風俗、名人軼事、奇談異聞等，再現了當時京城的地理歷史風貌，還原了當時史實，糾正了當時正史的曲筆，彌補了正史記載的不足，是中國南北朝時期一部優秀的地理歷史作品，在地理歷史研究中占有重要地位。後人將《洛陽伽藍記》與酈道元的地理名著《水經注》

並稱為「北朝文學雙璧」。

《洛陽伽藍記》文筆清新，散中帶駢，敘事形象生動，引人入勝，頗具特色。書中有不少文學色彩較濃的傳說軼聞，作者在對其敘寫中將朝代歷史地理人文融入其中，敘寫方式獨特，使其被稱為北魏三大奇書之一。

█《括地誌》

《括地誌》是唐代地理總志。該書記錄了唐朝貞觀年間疆域政區的改革狀況，反映了盛唐時期地理情況和行政區劃，由唐太宗第四子魏王李泰主修，著作郎蕭德言等編撰。

李泰於太宗貞觀十二年（西元 638 年）奏請開編《括地誌》，十六年書成表上。卷首《序略》5 卷，總敘歷代州、郡分劃制度；正文 550 卷，敘寫貞觀十三年（西元 639 年）唐王朝對全國政區進行的改革。按當時區劃，將全國劃分為 10 道 358 州 1551 縣。書中敘述各州、縣的建置沿革、山川古蹟、神話傳說、物產風俗、重大事件等。其後唐宋著作多引用《括地誌》內容，南宋後此書散佚。散佚後，該書仍被各家傳抄引用，可見它在當時的影響及價值。本書體例有創新，開唐宋總志體例寫作的先河。

清代嘉慶二年（西元 1797 年），孫星衍就唐、宋人所徵引將該書輯為 8 卷，刻於《岱南閣叢書》中。但孫星衍所

輯錯誤不少。其後清代人陳其榮和民國曹元忠又各補輯數條。近人賀次君參考眾多資料，又補輯數十條，以《括地誌輯校》為名，理為四卷，這是迄今為止最為完整的輯本。現在輯本比孫星衍所輯本多幾十條，但離原著 550 卷的份量相距太遠，且為斷章摘句、殘篇斷簡，不足以窺見原書整體風貌，但包括了整部《史記》內的地名解釋，是研究《史記》地名和唐以前地理的重要參考資料。

▌《夢溪筆談》

沈括像

《夢溪筆談》的作者是北宋科學家、政治家沈括（西元 1031-1095）。該書詳細記載了古代勞動人民在科技方面的貢獻和作者一生的見聞及見解，反映了北宋時期自然科學的巨大成就。

該書祖本散佚不見，現我們所能看到的最古版本是元大德九年（西元 1305 年）東山書院刻本。該刻本《夢溪筆談》共分 30 卷，包括《筆談》、《補筆談》、《續筆談》三部分。《筆談》26 卷，分為 17 門；《補筆談》3 卷，包括 11 門；《續筆談》1 卷，不分門。全書有 17 目，共 609 條記述，內容包括地理、氣

象、曆法、數理化、醫藥、技術、文藝、生物、農業、水利等諸多領域。這些條目中有關地理學方面的內容就有很多，體現了他的主要地理思想和貢獻。

自然地理方面，沈括科學觀察並正確解釋了包括古環境變遷、流水侵蝕、植物地理分布、海陸變遷等方面的自然地理現象，這些為後人進行自然地理研究提供了寶貴的資料。沈括在考察溫州雁蕩山時，深刻研究了雁蕩山獨特地形地貌形成的原因，指出：「原其理，當是為谷中大水衝擊，沙土盡去，唯巨石巋然挺立耳」（《夢溪筆談》卷 24），正確地指出了「流水侵蝕作用」。他的這一觀點要比「近代地質學之父」赫頓於西元 1788 年在《地球理論》一書中提出的侵蝕作用理論早 700 年。

政治經濟地理方面，沈括記錄了的各地重要物產及地理環境，為研究北宋政治經濟地理提供了寶貴資料。

沈括在地理實踐上成就也很突出。《天下州縣圖》作為北宋當時的全國地圖集，就是沈括繪製的；他還修正了製圖六體。他又利用自創的分層築堰水測法，實測了自京城汴梁（今開封市）上善門至泗州（今江蘇盱眙）入淮口長 840 里 130 步的汴河河道高差等。沈括的許多地理實踐和見解，在中國和世界科學史上都具有十分重要的價值。英國科學史家李約瑟評價《夢溪筆談》為「中國科學史上的里程碑」。

《徐霞客遊記》

　　《徐霞客遊記》是明代地理學家、旅行家徐霞客（西元 1587 — 1641 年）所著的一部日記體遊記。後經季夢良等對遊記手稿進行整理，於崇禎十五年（1642 年）編輯成書。

　　該書記錄了作者 30 多年間旅行經歷和考察所得，按日記體形式記載了當時各種地理現象、氣候狀況、自然規律、動植物情況，乃至少數民族地區的風俗習慣、經濟狀況等。徐霞客對中國地理學做出了重要貢獻。

　　自然地理方面：他對中國石灰岩地貌的分布區域、地貌特徵及其發育規律進行了詳細考察探究，居世界先進水平。徐霞客對中國水文地理學的發展也做出了傑出的貢獻，書中用較大的篇幅記敘了各地的水文特徵、水體類型，記載大小河流 551 條。他還糾正了古代文獻有關中國水道源流記載的一些錯誤；為批駁《尚書》以來「岷山導江」的錯誤說法，他專門寫了《江源考》，肯定了金沙江乃長江上源的事實，為人們客觀地認識江源做出了貢獻。徐霞客還對火山、地熱進行了記錄。

　　人文地理方面：徐霞客還對各種人文地理現象進行了細緻考察與記錄。這些人文地理現象包括各地民情風俗、城鎮聚落、商業貿易、手工業礦業等。書中記載了 12 種礦物的產地、開採和冶煉情況，成為明代重要的礦冶史料。植物學

方面，他觀察記錄了很多植物種類及其地理分布的規律，明確提出了地形、氣溫、風速對植物分布和開花早晚的各種影響。同時他也描繪了中國大好河山的優美風光，在地理學和文學上都有著重要的價值。

《徐霞客遊記》在中國乃至世界地理學史上都有著重要的地位。

《海國圖志》

《海國圖志》是清代思想家魏源編著的一部世界地理歷史知識的綜合性圖書。全書引用中外古今近百種資料，系統、詳實地介紹了當時西方地理、歷史、政治、科技等方面的知識。該書主張學習西方國家先進科學技術，提出「師夷長技以制夷」思想，是一部具有劃時代意義的傑作。

《海國圖志》書影

　　魏源受林則徐囑託，在林則徐主持編譯的《四洲志》基礎上，廣泛蒐集當時其他文獻書刊資料，並結合自撰的多篇論文擴編，於道光二十二年初次刻板，編成共計 50 卷的《海國圖志》。此後，他對《海國圖志》多次修訂。咸豐二年，全書增補為 100 卷。

　　《海國圖志》詳細記載了各國氣候、物產、交通貿易、民情風俗等內容，這些方面都超過了《四洲志》。《海國圖志》以 66 卷的篇幅，詳細敘述了世界各國地理歷史，同時向世人提供了 80 幅全新的世界各國地圖，開闊視野。透過該書可以開眼看世界，認識近代世界的新鮮事物。作者樹立的新的世界史地知識觀，從理論上贊同研究世界史地理歷史的必要性，開闢了近代中國向西方學習的新風潮。《海國圖志》也被後人譽為為談世界史地「開山」之作。

　　梁啟超讚譽說：「治域外地理者，（魏）源實為先驅。」（《清代學術概論》）他在該書中所闡述的「師夷長技以制夷」思想，至今對社會仍有很大的影響。

第六章　區域文化

▌中原文化

　　中原文化是一種地域文化，是指以河南省大部分區域為中心的黃河中下游地區在長期的生產和生活中所形成的物質文化和精神文化的總稱。從上古至唐宋，中國的文化中心一直在中原地區，中原地區便成為中華文明的發源地、文明的搖籃，成長為中華文化的重要源頭及核心組成部分。中原地區先後有20多個朝代定都的歷史，包括開封、洛陽、安陽和鄭州在內的中國八大古都的一半也定都於此，這里長期是古代中國的政治、經濟、文化中心。中原文化憑藉特殊的地理環境、人文精神和歷史地位，在中國歷史長河中長期居於主流正統地位。從某種程度上說，中原文化也代表著中國傳統文化。

　　中原文化與中國文化形成的直接關聯，是中原文化的地域性與其他地域文化明顯不同的一個顯著特點。黃河中下游肥沃的泥土和適宜的溫度氣候等諸多便利的自然條件，使得這裡在諸多地域文化中率先進入文明時期，上古時就形成了發達的農業文明。農業文明還衍生了其他的文明，為中國後世的政治制度、文化禮儀制度提供了基本的範本。由於中原文化強大的輻射力，在中國文化的整體格局中，中原文化一直占據重要地位。在歷史上，中原文化憑藉先進的生產方式、軍事擴張、移民遷移等多種方式，由中原逐層向四方輻射傳播，影響延及海外。

中原文化在整個中華文明體系中具有發端和母體的地位，對構建整個中華文明體系具有開創作用，在中華文化系統中處於主體、主幹的地位，還具有兼容並蓄的包容性以及很強的輻射力和影響力。這些都使得中原文化成為中華文化之根，成為中華文明不竭的源泉和動力。

▍齊魯文化

齊魯文化是「齊文化」和「魯文化」的合稱。「齊文化」產生於東海之濱的齊國，是在以姜太公為代表的道家思想學說的基礎上吸收當地東夷文化發展起來的。「魯文化」產生於春秋時期的魯國，是在以孔子為代表的儒家思想學說的基礎上發展起來的。兩種文化在發展過程中形成了各自鮮明的特色。齊文化求革新，

孔子像

魯文化重傳統；齊文化尚功利，魯文化重倫理。在歷史的發展中，兩種文化逐步融合在一起，形成了具有豐富內涵的齊魯文化。

戰國時期，孟子在齊國二度遊學，開啟齊文化與魯文化融合的序幕。孟子在齊國十幾年的居住期間，其學術思想逐漸受到稷下道家的影響。孟子之後，在齊、魯文化融合中荀子造成了至關重要的作用。荀子在學習儒學時也照顧到齊學，他的儒學思想也得以豐富和完善，他又透過學術交流，把自己的儒學思想在齊國傳播開來。在此背景下，特別秦漢以後，隨著國家的大一統，齊文化和魯文化逐漸走向融合，共同構築了山東人的齊魯文化，成為中國傳統文化的主幹，在中國傳統文化中發揮著重要作用。

齊魯文化之所以能在中國傳統文化中發揮重要作用，離不開其基本精神。這些基本精神包括：自強不息的剛健精神、民貴君輕的民本精神、經世致用的救世精神、厚德仁民的人道精神、崇尚氣節的愛國精神、大公無私的群體精神、人定勝天的能動精神、勤謹睿智的創造精神等。這些精神，對我們民族優秀傳統精神的形成具有重要影響。齊魯文化在中國文化和文明發展史上占有重要的地位。

▎荊楚文化

荊楚文化是一種具有鮮明湖北地方特色的區域文化形態。今天湖北省的大部分區域在古時稱為「荊楚」，所以現在我們有時也稱湖北為「荊楚大地」。荊楚文化作為一種地

虎座鳳架鼓

域文化，興起於周代至春秋戰國時期，因江漢流域的楚國和楚人而得名。古代荊楚歷史文化以當今湖北省大部作為主要輻射區並向周邊傳播。荊楚文化，作為一種具有鮮明地域特色的文化形態，從斷代的靜態角度看，主要是指以當今湖北為主體的古代荊楚歷史文化；從發展的動態角度看，荊楚文化包括該地古代歷史文化以及從古至今乃至未來湖北所形成的具有地方特色的文化。因此，從文化形態來看，荊楚文化具有鮮明湖北地域特色。從歷史發展的角度看，荊楚文化的內涵主要包括八大文化系列：炎帝神農文化、楚國歷史文化、秦漢三國文化、清江巴土文化、名山古寺文化、長江三峽文化、武漢地方文化、近現代革命文化。

荊楚文化的發祥地是湖北，湖北也是古代楚國的政治、經濟和文化中心。荊楚文化的發展軌跡從物質文化和精神文化的雙重角度來審視的話，我們可以看到它在創業精神、開放精神、創新精神、愛國精神、和合精神等 5 方面具有創新特質。荊楚文化的這些創新特質，既是時代的產物，又是民族精神和優秀民族文化的具體展現，是當今發展先進文化的重要精神遺產，也是中國優秀傳統文化的重要資源。

荊楚文化源遠流長，博大精深，它承襲了商周時期許多文化特點，具有鮮明的地域特色和巨大經濟文化價值。例如被稱為中國浪漫主義文學源頭的楚辭，直接影響了漢賦的產生。楚辭與其他楚文化精華一起構成了輝煌的荊楚文化。荊楚文化作為華夏文化的重要組成部分，在中華文明發展史上具有舉足輕重的地位。

巴蜀文化

巴蜀文化是巴文化與蜀文化的合稱。它是一種具有鮮明四川、重慶地域文化特色的區域文化形態。從地域上說，古時巴蜀相當於今天的四川省、重慶市。巴蜀文化起源於商代，見名於春秋，交融於戰國後，主體氣質形成於秦漢。巴的進取與蜀的兼容逐漸融合，形成巴蜀文化。

巴人以重慶為中心展開活動，後活動擴大到湖北西部、四川東部、陝西南部及貴州北部地區，逐漸形成了以重慶為中心的巴文化。蜀人活動於川西、陝南、滇北一帶，由三個古族融合形成蜀，後蜀成為西周封國。巴人尚武，蜀人崇文，巴文化與蜀文化有著明顯的區別和各自的特點，在長期的民族文化交流過程中形成了自身的地方特色和巴蜀人的特色，二者有著割捨不斷的關係。

古時交通困難，巴蜀盆地封閉的地形對巴蜀文化的封閉

性產生了較大影響。封閉性又激起了巴蜀先民開拓進取、改善自身環境的勇氣和決心。在此情況下，環境與文化的交融，形成了巴蜀先民封閉中有開放、開放中有封閉的個性。隨著時代的發展，巴蜀文化形成了開放和兼容的特點。

太陽神鳥金箔

　　巴蜀文化在融合發展中與中原、楚、秦文化相互滲透相互影響，其對外輻射能力近到對西南各族包括滇黔夜郎、昆明夷、南詔文化等產生輻射，遠到對東南亞輻射和產生長遠影響。巴蜀文化衝破了自身地域特色的限制，進而具有大西南意義和國際文化交流意義。

　　巴蜀文化歷史悠久，源遠流長，在中國上古三大文化體系中占有重要地位，它與三晉文化、齊魯文化等地域文化共同構成了輝煌的中國文明。巴蜀大地是中華民族的又一搖籃，是人類文明的發祥地之一。

吳越文化

　　吳越文化是以太湖流域為中心的一種地域文化，是漢文明的重要組成部分。吳越文化以錢塘江為界，可分為「吳文化」和「越文化」，兩者同源同出。吳越在歷史上的範圍相當於今天的上海、江蘇南部、浙江、安徽南部、江西東北部。吳越文化又稱江浙文化。

　　先秦典籍對吳越文化鮮明的標誌形式多有記載，這些標誌有舟楫、農耕、印紋硬陶以及好勇尚武、斷髮紋身等。吳越文化在歷史的發展過程中經歷了河姆渡文化、良渚文化、西湖文化、絲綢文化等文化標誌。「吳文化」和「越文化」透過文化交流相互借鑑吸收而漸趨融合，在激盪、流變與集成中融匯多種文化特質形成了一種新的文化類型。

　　吳越文化的審美取向，早期以尚武逞勇為風氣。晉室南渡後，注入了「士族精神、書生氣質」，士族文化的特質得到改變，並開始成為中國文化中精緻典雅的代表。

　　唐代時吳越經濟開始超過北方，進一步擴大了其影響力。在戰爭和多次少數民族短期統治中，北方地區文化開始淡化，吳越文化在保留了較多當地土著文化的同時又保留了較多的傳統中國文化。南宋以來，吳越文化向精緻化方向發展，南宋和明朝吳越人開始趕超中原及北方，成為官場主流；隨著近代工商業的萌芽，吳越文化又平添了一種奢華之習。

吳越文化在發展中逐漸形成了海納百川、聰慧機敏、經世致用、敢為人先的文化內涵特質。

▋嶺南文化

嶺南是對中國南方五嶺以南地區的統稱。五嶺之南的地區主要是漢族地區，自古以來，嶺南地區屬漢地九州中的揚州。由於歷代行政區劃的變動，現在提及嶺南一詞，特指廣東、廣西、海南、香港、澳門三省二區，亦即當今華南區域範圍。

嶺南文化是指中國嶺南地區文化，涵蓋學術學、文學、繪畫、書法、音樂、戲曲、工藝、建築、園林、民俗、宗教、飲食、語言、僑鄉文化等眾多內容。從地域上，嶺南文化大體又分為廣東文化、桂系文化和海南文化三塊區域，尤其以屬於廣東文化的廣府文化、潮汕文化、客家文化為主，構成了嶺南文化的主體。

嶺南建築

　　嶺南文化為原生性文化，是悠久燦爛的中華文化的重要組成部分。嶺南文化因其獨特的地理環境和歷史條件，在其發展過程中以農業文化和海洋文化為源頭，不斷吸取和融匯中原文化和海外文化，逐漸形成務實、開放、兼容、創新等獨有的特點。

▌閩臺文化

　　閩臺文化是一種區域文化。它是以閩方言為主要載體、由閩臺兩地人民共同創造的文化。它是閩臺人民在語言文字、民間信仰、戲劇音樂、經濟結構等方面具有的共同的文化特質，具有鮮明的地域文化特色，同時也是中國傳統文化不可缺少的重要組成部分。

　　閩臺之間文化連繫源遠流長，原始社會閩臺兩地的人民就開始連繫。清代乾嘉年間最後形成了有特色的區域文化體系。這一時期，臺灣納入清朝版圖，閩人大批入臺，閩臺經濟逐步一體化。閩臺文化在融合中吸收了中原文化精髓，是中原文化的延伸。特殊的地理環境和歷史條件，內陸文化和海洋文化，又在這裡有機地結合為一體，形成了富有地域特色的文化。

　　閩臺文化連繫古今，不斷地吸收其他文化的長處，在承襲了傳統的基礎上，又在不斷演進中發展、變遷。閩臺文化

在漫長的交融過程中，形成了很多共同文化特徵，又有不少差異性，表現出自己地域文化的獨特性。閩臺文化的獨特性，表現在特別富有開拓進取和兼容並包的精神，這種精神使得閩臺文化朝氣蓬勃。閩臺文化所形成的剛健有為、自強不息、重節氣操守、開放意識較強的地域文化，成為中華燦爛文化的一個重要組成部分。

第六章　區域文化

第七章　華夏發明

▎製圖六體

　　製圖六體，是西晉製圖學家裴秀（西元224 ── 271年）在總結前人製圖經驗的基礎上提出的繪製地圖的六條原則。製圖六體是中國古代歷史上第一次明確建立的地圖製圖學理論，是當時世界上最科學、最完善的製圖理論，它使中國的地圖繪製從此進入了一個全新的發展階段。

　　裴秀在其《禹貢地域圖》序中明確地提出六條製圖原則，即「製圖六體」。他認為，製圖六體是相互連繫的，在地圖製作中極為重要。地圖如果只有圖形而沒有分率，就無法進行實地和圖上距離的比較和量測；如果按比例尺繪圖，不考慮準望，那麼在這一處的地圖精度還可以，在其他地方就會有偏差；有了方位而無距離，就不知圖上各居民地之間的遠近，就如山海阻隔不能相通；有了距離而不測高下，不知山的坡度大小，則徑路之數必與遠近之實相違，地圖同樣精度不高，不能應用。這六條原則的綜合運用正確地解決了地圖比例尺、方位、距離及其改化問題，闡明了地圖比例尺、方位和距離的關係，對中國西晉以後的地圖製作技術產生了深遠的影響，成為中國明代以前地圖製圖學理論的基礎。

　　直至今天，繪製地圖應考慮的主要問題除經緯線和投影外，裴秀的「製圖六體」理論幾乎都提到了。因此，他被人

稱為「中國科學製圖學之父」。裴秀提出的製圖六體原則，
在中國和世界地圖製圖學史上有著重要地位。

▍世界上最早的子午線實測

　　世界上第一次對子午線長度進行實測，是在中國唐代傑
出的天文家僧一行主持下於開元十二年（西元 724 年）進行
的大地測量。這是僧一行在天文學上最重要的貢獻。

　　從開元十二年（西元 724 年）起，僧一行組織人力在全
國範圍內大規模測量日影，這實際上就是對地球子午線進行
測定。他在全國選擇了 12 個觀測點，並派人實地觀測，自己
則在長安總體統籌指揮。其中負責在河南進行觀測的南宮說
等人所測得的數據最科學和有意義。他們選擇了經度相同、
地勢高低相似的四個地方進行設點觀測，分別測量了當地的
北極星高度，冬至、夏至和春分、秋分 4 時日影的長度，以
及 4 地間的距離。最後經僧一行統一計算，得出了北極高度
差 1 度，南北兩地相距 351 里 80 步（即現在的 129.2 公里）
的結論。雖然這與今天地球子午線 1 度對地表弧長 111.2 公里
的測量值相比有較大誤差，但這是世界上第一次用科學方法
進行的子午線實測，比世界上著名的阿拉伯天文學家阿爾·
花剌子模等人在幼發拉底河地區的科學測量（他們的結果
是：子午線 1 度長 111.815 公里）早 90 年。僧一行第一次實

測子午線，為唐代科學技術的發展做出了傑出的貢獻，在科學發展史上具有劃時代的意義。英國科技史專家李約瑟高度讚譽僧一行組織的子午線長度測量是「科學史上劃時代的創舉」。

四大發明

　　四大發明指中國古代對世界具有很大影響的指南針、造紙術、火藥及印刷術四種髮明，是關於中國科學技術史的一種觀點。四大發明是中國古代勞動人民的重要創造，對中國古代的政治、經濟、文化的發展產生了巨大的推動作用。後來，四大發明透過種種渠道傳到西方社會，對世界文明發展史也產生了巨大的影響。

指南針

　　指南針的前身為司南，是一種用以判別方位的簡單儀器，常用於航海、大地測量、旅行及軍事等方面。世界上公認發明指南針的國家是中國。中國古代勞動人民在長期的實踐活動中加深了對物體磁性的認識，發明了指南針。戰國時，人們用天然磁石指示南北的特性，製作出世界上最早的指南儀器──「司南」。北宋時期，人們透過用人工磁化鐵針的方法，製成指南針，並開始應用於航海。南宋時，指南

針開始普遍應用於航海並遠傳到阿拉伯地區。13 世紀初指南針傳入歐洲。指南針在航海上的應用，為歐洲航海家探索新航路活動提供了重要條件，促進了以後哥倫布發現美洲新大陸的航行和麥哲倫的環球航行。這大大加速了世界經濟發展的進程。

司南圖

造紙術

早在西漢初年，中國勞動人民就發明了造紙術，但並沒有大規模使用。20 世紀在中國各地出土了一些西漢時期的古紙片，就可以證明這一點。例如，西元 1986 年，甘肅天水放馬灘出土了迄今所知最早的紙，這些紙來自漢景帝時期，可見時間之早。105 年，東漢蔡倫在總結前人經驗的基礎上，擴大了造紙原料的範圍，改進了造紙術，造紙技術得到很大的提高。至此，造紙開始大規模展開。造紙術為人類提供了經濟、便利的書寫材料，是書寫材料的一次變革，掀起一場

人類文字載體革命。造紙術於 7 世紀東傳朝鮮、日本，8 世紀傳到阿拉伯地區，12 世紀歐洲學習中國的方法設廠造紙。

火藥

隋唐時期，中國古代煉丹家發明了火藥。唐末出現了火炮、火箭，並運用於軍事。南宋時發明了「突火槍」，火器普遍用於戰爭。13 世紀傳入阿拉伯和歐洲。火藥武器的發明和使用，改變了中世紀的作戰方式，是軍事上劃時代的一件大事。

印刷術

中國唐代時發明了雕版印刷。西元 868 年印製的《金剛經》，是世界上現存最早的標有確切日期的雕版印刷品。宋仁宗慶曆年間，北宋平民畢昇發明了活字印刷術，比歐洲活字印刷發明早 400 多年。印刷術東傳朝鮮、日本，西傳埃及、歐洲。印刷術的發明是印刷史上的一次偉大革命，為中國文化經濟的發展開闢了廣闊的道路，促進了人類文化的傳播和保存，推動了世界文明的發展。

六大古都

中國在漫長的 5,000 年歷史進程中，朝代更替，厚重的歷史文化為中國留下了著名的 6 座歷史都城，6 大古都分別

為北京、洛陽、南京、開封、西安、杭州。

北京是聞名世界的歷史古城。從西元 1128 年起，金、元、明、清四朝在此建都。這裡留下了光輝燦爛的文化和眾多的名勝古蹟，著名的文物古蹟主要有故宮、北海、天壇、頤和園、八達嶺、十三陵等。

北京故宮圖

洛陽憑藉其得天獨厚的地理位置，在歷史的發展中逐漸成為中國歷史名城、中國 6 大古都之一，歷史上歷代帝王定都都將此作為首選之地，9 個朝代先後在此定都，所以又有「九朝古都」之稱。著名的文化古蹟有漢魏洛陽城遺址、白馬寺、龍門石窟等。

龍門石窟圖

　　南京，古稱金陵、建康等，歷史悠久、文化燦爛、風姿雄奇、風光綺麗，在中國歷史上具有特殊地位和價值。南京近 500 年的建都史，為其留下了厚重的文化底蘊和璀璨的民族文化遺產，素有「六朝古都」、「十朝都會」之稱。著名的歷史文化古蹟有明故宮、夫子廟、靈谷塔、中山陵等。

　　開封，古稱汴州、東京、汴京等，歷史悠久，源遠流長，迄今已有 4,100 餘年的建城史和建都史，素有「八朝古都」之稱。歷史上的夏朝，戰國時期的魏國，五代時期的後梁、後晉、後漢、後周，宋朝，金朝等都定都於此。其中宋朝定都開封（時稱東京）長達 168 年之久，使開封成為全國政治、經濟、文化和軍事中心，開啟了開封歷史上的鼎盛時代。這一時期開封孕育了上承漢唐、下啟明清且影響深遠的「宋文化」，如清明上河圖的創作地就是開封。宋朝都城東

京城（現開封）是當時世界上第一大城市。開封名勝古蹟眾多，現在開封著名的歷史文化古蹟有大雄寶殿、相國寺、倉頡墓、岳飛廟、鐵塔、龍亭、禹王臺等。

西安，古稱長安，是中國和世界歷史文化名城。西安是中華文明和中華民族重要發祥地之一，歷史上先後有 10 多個王朝在此建都，是中國歷史上建都朝代最多、時間最長、影響力最大的都城之一。自西元前 1027 年開始，先後有西周、西漢、西晉、隋、唐等 10 多個王朝在此建都，歷時 1,000 多年。西安市及其周圍地區有大量珍貴的文物古蹟，其中著名的有秦始皇兵馬俑、大明宮遺址、大雁塔、鐘樓等。

秦始皇兵馬俑

杭州古稱臨安、錢塘等，中國六大古都之一。五代吳越國和南宋王朝兩代建都於此。五代十國時期，吳越國建都杭州，杭州時稱西府或西都。吳越時期，在勞動人民的辛勤開拓下，杭州發展成為全國經濟文化繁榮之地。南宋時杭州

發展達到鼎盛時期。南宋建炎三年（西元 1129 年），杭州
設置為行宮，升格為臨安府，治所在錢塘。紹興八年（1138
年），南宋正式定都臨安，歷時 140 餘年。杭州歷來以風景
秀麗著稱於世，素有「上有天堂、下有蘇杭」之稱。元朝時
義大利著名旅行家馬可‧波羅贊其為「世界上最美麗華貴之
城」。現在杭州著名的歷史文化古蹟有西湖、雷峰塔、靈隱
寺、六和塔等。

古代計時工具日晷

日晷指的是古時人們利用太陽投射的影子來測定時刻的
計時儀器，又稱「日規」。它的使用原理是利用太陽的投影
方向來測定並劃分時刻。日晷通常由晷針（表）和晷面（帶
刻度的表座）組成。人類利用日晷來測定時刻，是天文計時
領域的一項重大發明，這項發明人類使用長達幾千年之久。

日晷

日晷通常由銅製的指針和石製的圓盤組成。銅製的指針叫做「晷針」，垂直地穿過圓盤中心，起著圭表中立竿的作用，因此，晷針又叫「表」；石製的圓盤叫做「晷面」，安放在石臺上，呈南高北低，使晷面平行於天赤道面。這樣，晷針的上端正好指向北天極，下端正好指向南天極。

晷面 2 面都有刻度，分子、醜、寅、卯、辰、巳、午、未、申、酉、戌、亥十二時辰，每個時辰又等分為「時初」「時正」，這正是一日 24 小時。絕大部分的日晷顯示的都是視太陽時。有些在設計上做了變更，可以顯示標準時或是日光節約時間。

人類使用日晷的時間非常久遠，中國早在 3,000 年前的周朝就開始使用日晷。日晷不但能顯示一天之內的時刻，還能顯示節氣和月份。日晷體積笨重，看不到陽光的時候（如陰天和晚上）就不能正常使用，這也是日晷不可迴避的缺點。在歷史上，它長時間為人類提供計時服務的功能卻是不可磨滅的。

日晷發明之後，中國一直使用到清代。中國在西元 1601 年明代萬曆皇帝時得到二架外國的自鳴鐘，但只在宮廷使用。清代時進口和自制鐘錶較多，但也大多為王公貴族所用，一般平民百姓還是看天曉時。

地震儀（候風地動儀）

　　地震儀又稱「候風地動儀」，是一種監視地震的發生、記錄地震相關參數的儀器。候風地動儀由中國東漢科學家張衡於西元 132 年發明製成，是世界上第一架測驗地震的儀器。東漢時期，張衡對發生較頻繁的地震深有體會。為掌握全國地震動態，他經過長年研究，發明了候風地動儀。據史書記載，當時利用這架地動儀成功地測報了中國西部地區發生的一次地震，引起全國的重視。它比歐洲 1880 年製成的近代地震儀早了 1,700 多年。

候風地動儀

　　《後漢書・張衡列傳》詳細記載了張衡的這一發明。候風地動儀是用精銅鑄造而成，其外形像個大酒杯。內部中央有根粗大的銅柱，銅柱的周圍伸出 8 條滑道，還裝置著樞紐，用來撥動機件。外面有 8 條龍，龍口各含 1 枚銅丸，龍頭下

面各有 1 個蛤蟆，張著嘴巴，準備接住龍口吐出的銅丸。如果發生地震，儀器外面的龍就震動起來，機關發動，龍口吐出銅丸，下面的蛤蟆就把它接住。銅丸震擊的聲音清脆響亮，守候地動儀的人便能知道發生地震的訊息。經過 134 年的甘肅西南部的地震檢驗，完全證實了它檢測地震的準確性。

由於年代久遠，張衡發明的地動儀已失傳，沒有留下實物與圖樣，只留下 100 多字的文字記載。我們看到的地動儀都是後人根據史料《後漢書·張衡列傳》複製的。現在中國歷史博物館陳列的張衡地動儀模型，是根據王振鐸的設計復原而成的。

張衡發明的地動儀開創了人類使用科學儀器測報地震的歷史。在科學技術還很落後的 2 世紀初能做到這一點，是極其難能可貴的。對此，中外科學家長期以來一直給予極高的評價。

▍珠算

東漢代徐岳所撰的《數術記遺》中記載有：「珠算，控帶四時，經緯三才」，這是「珠算」一詞的最早出處。可見，東漢已經出現算盤。中國珠算是以算盤為工具進行數字計算的一種方法。它是由中國東漢傑出的數學家和天文學家

劉洪（約西元 129 － 210 年）發明的，劉洪也因發明珠算被後世尊稱為「珠算之父」、「算聖」。珠算距今已經有 1,800 多年的歷史。

算盤

　　北宋張擇端〈清明上河圖〉圖上見到一把算盤，可見北宋已經開始使用珠算盤。明朝時期，商品經濟進一步繁榮，發達的商業推動珠算得到普遍的發展與推廣。

　　中國珠算在明朝以來非常盛行，先後流傳到日本、朝鮮、東南亞各國，後在美洲也逐漸流行開來。

　　2013 年 12 月 4 日，在阿塞拜疆首都巴庫巴舉行的聯合國教科文組織保護非物質文化遺產政府間委員會第八次會議通過決議，正式將中國珠算項目列入教科文組織人類非物質文化遺產名錄。此前聯合國教科文組織介紹中國珠算稱其存在 1,800 餘年，為「最古老的計算機」，是中國古代重要發明。中國珠算申遺的成功，將有助於更多人認識、了解珠算，吸引更多的人加入到弘揚與保護珠算文化的行列中來。

　　珠算作為非物質文化遺產，它不僅是一種極簡便的計算方法，而且具有獨特的教育職能，可以培養孩子的專注力，所以至今仍盛行不衰。

　　珠算在中國古代人們日常生活中經常被使用，它也被讚譽為中國的第五大發明，足見其地位之高。

電子書購買

國家圖書館出版品預行編目資料

古代史地軼聞懶人包：風流帝王 × 歷代體制 × 地域文化 × 四大發明，這些你在課本上畫過的重點，其實比你想得還要有看點！ / 韓品玉 主編 林榮，邵林喜，時雙雙 編著 . -- 第一版 . -- 臺北市：崧燁文化事業有限公司 , 2023.06
面； 公分
POD 版
ISBN 978-626-357-404-5(平裝)
1.CST: 中國史 2.CST: 歷史地理
610　　　　112007385

古代史地軼聞懶人包：風流帝王 × 歷代體制 × 地域文化 × 四大發明，這些你在課本上畫過的重點，其實比你想得還要有看點！

臉書

主　　編：韓品玉
編　　著：林榮，邵林喜，時雙雙
發 行 人：黃振庭
出 版 者：崧燁文化事業有限公司
發 行 者：崧燁文化事業有限公司
E - m a i l：sonbookservice@gmail.com
粉 絲 頁：https://www.facebook.com/sonbookss/
網　　址：https://sonbook.net/
地　　址：台北市中正區重慶南路一段六十一號八樓 815 室
Rm. 815, 8F., No.61, Sec. 1, Chongqing S. Rd., Zhongzheng Dist., Taipei City 100, Taiwan
電　　話：(02) 2370-3310　　　傳　　真：(02) 2388-1990
印　　刷：京峯彩色印刷有限公司（京峰數位）
律師顧問：廣華律師事務所 張珮琦律師

定　　價：299 元
發行日期：2023 年 06 月第一版
◎本書以 POD 印製